AF465157

JULES FAVRE

ET SON

FAUTEUIL ACADÉMIQUE

1634-1881

ÉTUDE CRITIQUE ET BIOGRAPHIQUE

PAR

H. MOULIN

PARIS CHARAVAY FRÈRES LIBRAIRES ÉDITEURS
4, Rue de Furstenberg
Ci-devant 51, rue de Seine
1881

Tous droits réservés

Ln27 32020

7655

JULES FAVRE

ET SON

FAUTEUIL ACADÉMIQUE

1634-1881

L 27
n
33020

JULES FAVRE

ET SON

FAUTEUIL ACADÉMIQUE

BIBLIOTHÈQUE NATIONALE R.F.

1634-1881

ÉTUDE CRITIQUE ET BIOGRAPHIQUE

PAR

H. MOULIN

PARIS CHARAVAY FRÈRES LIBRAIRES-ÉDITEURS
4, RUE DE FURSTENBERG, CI-DEVANT 51, RUE DE SEINE

1881

JULES FAVRE

ET SON

FAUTEUIL ACADÉMIQUE

1634-1881

Il y a six mois à peine que J. Favre, le vigoureux champion de la démocratie, le redoutable tribun de l'opposition, mourait dans une modeste maison de Versailles, entouré des siens et de quelques amis, mais presque oublié déjà du monde politique, dans lequel il avait brillé d'un si vif éclat.

C'est en vain que pendant près d'un demi-siècle il avait été la grande voix de la tribune française ; que, pendant ce long laps de temps, il avait pris part à la discussion de toutes les questions importantes, et été mêlé à tous les événements de la politique ; qu'il avait été le collaborateur dévoué, « le compagnon de martyre » de M. Thiers, signant à regret le traité de paix de 1871 ; l'oubli de ses contemporains semblait déjà se faire autour de son nom, que l'histoire, moins ingrate, à laquelle il appartient désormais, conservera dans ses annales.

Sa mort a réveillé bien des colères et bien des rancunes. Elle ne l'a défendu ni contre l'injure, ni contre la calomnie; mais, quand elles seront tombées, l'avenir le vengera, en lui tenant compte de ses services, sans oublier ses fautes. « Un jour, disait-il, et il viendra pour tous, notre mémoire sera interrogée, notre vie examinée. »

Ce jour est-il venu pour lui? Pas encore peut-être; mais à nous qui l'avons bien connu et longtemps étudié, ne sera-t-il pas permis dès à présent d'interroger sans passion sa conduite et ses discours, ses actes et ses paroles, d'en chercher l'accord ou le désaccord, et d'y trouver l'explication du blâme des uns et de l'approbation des autres?

Toute difficile et périlleuse qu'elle soit, cette tâche ne nous effraye pas. Mais, avant de l'entreprendre, nous voulons faire pour J. Favre ce que nous avons fait pour M. Dufaure, écrire l'histoire du fauteuil qu'il a dignement occupé à l'Académie, après M. Cousin.

Autrefois, certaines villes de province avaient des collèges à Paris; au lieu d'un collège, Lyon aurait-il par hasard un fauteuil à l'Académie? Ce serait alors le deuxième, celui dont nous nous faisons l'historiographe, car trois Lyonnais s'y sont assis, presque à la suite l'un de l'autre.

Il compte dix titulaires, dont J. Favre est le dernier : quatre appartiennent au monde des lettres, trois à l'Église, un à la science, un autre à la philosophie, et enfin le dernier à la politique et au barreau.

Depuis 1634, époque de la fondation de l'Académie, jusqu'à aujourd'hui, deux cent quarante-six ans se sont écoulés. La vie académique a donc été, en moyenne, pour chaque titulaire, de vingt-quatre ans et six mois.

Ce fauteuil sera pour les poètes celui de Gresset; de Fourier, pour les savants; de Cousin, pour les philosophes; pour nous, hommes de palais, un peu mêlés à la politique, ce sera celui de J. Favre.

L'Abbé Paul Tallemant.
1642-1666-1712.

Jean-Ogier de Gombault.
1570-1634-1666.

Jean-Baptiste-Louis-Gresset.
1709-1748-1777.

Antoine Danchet.
1671 – 1712 – 1748.

L'Abbé Morellet.
1727 – 1785 – 1829.

L'Abbé Millot.
1726 – 1777 – 1785.

Pierre-Édouard Lémontey.
1762-1819-1826.

J.-B.-J. Fourier.
1768-1827-1830.

Victor Cousin.
1792 – 1831 – 1867.

Jules-Gabriel-Claude Favre.
1809-1867-1880.

A.-J.-Ed. Rousse.
1817-1880.

I

JEAN OGIER DE GOMBAULD

1570-1634-1666 (1)

Le premier immortel qui s'offre à nous est un gentilhomme Saintongeois, Jean Ogier, sieur de Gombauld. La mode le prit à son arrivée à la cour, mais elle abandonna bientôt son nom à l'oubli. Il eut toutefois son heure de célébrité.

Il avait quitté sa province, pour venir à Paris, à la fin du règne de Henri IV. Un sonnet sur la mort de ce prince, en appelant sur lui l'attention, commença sa faveur et sa fortune. Il devint gentilhomme de la chambre, et Marie de Médicis lui accorda une pension de 1,200 écus, réduite plus tard à 800, puis à 400.

Il faisait figure parmi les illustres de l'hôtel de Rambouillet, et fut l'un des membres fondateurs, et des plus actifs, de l'Académie.

La Compagnie le chargea de revoir le projet du *Dictionnaire*, dont Chapelain avait présenté le plan; d'examiner le travail de Du Chastelet sur *les statuts ;* de mettre la dernière main à la critique du *Cid*.

Parmi les discours prononcés, à tour de rôle, par les académiciens, pour remplir leurs premières séances, et dont ils choisissaient le sujet, Gombauld, nous ne savons par quelle bizarrerie, avait entretenu la grave assemblée du : *Je ne sais quoi*.

Il s'exerça dans le roman, dans le sonnet, dans l'épigramme et dans la tragédie.

Nous avons de lui un roman ou poème en prose, *Endymion*, 1624, in-8;

Une pastorale, *Amaranthe*, 1631, in-8;

Des *Poésies*, 1646, in-4;

(1) De ces trois dates la première est celle de la naissance du titulaire, la seconde celle de son élection, la troisième celle de sa mort.

Des *Lettres*, 1647, in-8;
Des *Sonnets*, 1649, in-4;
Des *Épigrammes*, 1657, in-12;
Des tragédies, *Aronce*, — *Cydippe* et les *Danaïdes*, 1658, in-12;

Il laissa des *Traités et lettres touchant la religion*, qui ne furent publiés qu'après sa mort, 1669, in-12.

Toutes ces œuvres, fort goûtées d'abord, et accueillies par le succès, furent peu après, par un caprice singulier de l'opinion, délaissées et presque oubliées. Boileau put dire sans injustice :

« Et Gombauld tant loué garde encor la boutique. »

Comme contre-partie de l'épigramme de Boileau, l'abbé P. Tallemant, successeur de Gombauld à l'Académie, disait de lui :

« Vous m'avez accordé, Messieurs, la place de M. de Gombauld, dont le mérite est connu de toute l'Europe, qui durant plus d'un demi-siècle a été l'admiration de toute la cour, qui a même gardé, dans une extrême vieillesse, cette première vigueur qui sied si bien, et qui est si nécessaire dans la poésie...

« Je devais savoir qu'on ne pouvait, sans beaucoup d'esprit et sans beaucoup d'érudition, aspirer justement à la place de M. de Gombauld, etc., etc. »

Élève et ami de Malherbe, il fit, à la mort de son maître, son épitaphe, qui se terminait par ce vers :

« Il est mort pauvre, et moi je vis comme il est mort. »

Gombauld, au dire de ses contemporains, excellait dans l'épigramme. Colletet, qu'il n'avait probablement pas assez ménagé, lui en lança une, que les recueils du temps ont conservée :

« Gombauld n'approuve aucun sonnet,
Et dit qu'on n'en saurait bien faire;
La raison en est toute claire...
C'est qu'il n'en a jamais bien fait. »

Gombauld eut le tort de survivre à sa réputation, et l'on ne se souvenait plus guère de ses œuvres en vers et en prose quand il mourut, plus que nonagénaire, en 1666 (1).

II

L'ABBÉ PAUL TALLEMANT

1642-1666-1712

Au nonagénaire succéda un jeune abbé de vingt-quatre ans, Paul Tallemant.

C'était arriver bien jeune à l'Académie ; aussi crut-il devoir s'en excuser dans son discours de remerciement :

« Ma jeunesse qui a fait ma faute, disait-il, doit aussi faire mon excuse. J'ai cru qu'il siérait bien à un jeune homme d'être téméraire, dans une occasion aussi avantageuse que celle-ci; que ma hardiesse serait peut-être un titre pour moi et que, si je n'avais pas assez de mérite dans l'âge où je suis, je pouvais impunément promettre d'en acquérir. »

L'abbé Tallemant fut-il téméraire, en sollicitant la succession du bonhomme Gombauld ? Il réussit : *Audaces fortuna juvat...*

Il traversa toutes les alternatives de la richesse et de la misère.

Fils de Gédéon Tallemant, et petit-fils de Puget de Montauron, il était appelé par sa naissance à la fortune ; la ruine de son père et de son grand-père le condamna à la pauvreté.

Gédéon Tallemant, conseiller au parlement, maître des requêtes, intendant de la Guyenne, du Languedoc et du Roussillon, était riche, sans ses places, de plus de 100,000 livres de rente, fortune considérable pour le temps; mais, envoyé en province pendant la tenue des États de 1653, il y étala un faste royal, y donna des fêtes, y tint table ouverte, y traita M. le duc d'Orléans et M. le Prince. « Il se montra si magnifique en

(1) On doit à M. René Kerviler une très intéressante Étude biographique et littéraire sur la vie et les ouvrages de J. Ogier de Gombauld, in-8, 1876.

toutes choses, qu'on l'appelait *Son Eminence gasconne*, et tout s'appelait à la Montauron (1). » Ce luxe, ces fêtes, ses dissipations et ses pertes au cercle du cardinal de Mazarin finirent par le ruiner. Le même sort atteignit Pierre Puget de Montauron, conseiller et secrétaire du roi, premier président des trésoriers de France, de la généralité de Montauban, qui, lui aussi, dissipa une immense fortune.

Paul Tallemant était le cousin de Tallemant des Réaux, l'auteur des *Historiettes*, et de François Tallemant, prêtre comme lui, et, comme lui, de l'Académie, où ils siégèrent à côté l'un de l'autre pendant près de trente ans. Ce fut pour les distinguer qu'on appelait Paul Tallemant, Tallemant le jeune.

Entré dans les ordres, il put, grâce à la facilité des mœurs de l'époque, étudier en même temps la théologie et la poétique, composer des sermons et des poésies galantes, s'essayer dans l'homélie et dans le sonnet.

La célébrité d'auteur lui vint de bonne heure. Il n'avait guère que dix-huit ans quand il publia un volume de vers et de prose, *le Voyage à l'île d'Amour*, que suivirent bientôt des idylles, des pastorales, voire des opéras.

Le succès du *Voyage à l'île d'Amour* fut assez vif pour décider l'Académie à ouvrir à l'auteur ses portes encore fermées devant Boileau, Racine et la Fontaine, bien qu'ils fussent les aînés de l'heureux candidat, et eussent déjà donné au public, l'un, ses *Satires* et ses *Épîtres*, l'autre, ses deux premières *Tragédies*, le troisième, ses *Contes* et ses premiers livres de *Fables*.

En apprenant son élection, sa mère, qui avait encore quatre autres enfants, s'écria : *Dieu soit loué, en voilà toujours un de pourvu !*

Comme directeur de la Compagnie, il reçut l'abbé de Louvois et le marquis de Sainte-Aulaire.

Il se partageait entre l'Académie française et celle des Inscriptions, dont il fut le secrétaire perpétuel. Colbert l'y avait fait entrer, à la création, avec une pension de 1,500 livres.

(1) Tallemant des Réaux, *Historiettes*, t. VIII, p. 223.

Comme secrétaire perpétuel, il était chargé des éloges de ceux de ses collègues qui étaient enlevés par la mort. Il n'eut l'occasion d'en prononcer que cinq, assez peu étendus, mais il le fit avec tant de succès, paraît-il, que Gros de Boze, qui lui succédait dans ces fonctions, dit de lui, au grand étonnement de l'auditoire : « La manière ingénieuse dont M. l'abbé décrivait nos pertes, a souvent fait souhaiter qu'elles fussent plus fréquentes. » Nous doutons fort que ce souhait, sous forme de regrets, ait été du goût des académiciens collègues de l'abbé Tallemant. Du reste, la lecture de ces Éloges suffit pour montrer que de Boze en a singulièrement exagéré le mérite.

L'abbé Paul Tallemant était encore intendant des devises et inscriptions des édifices royaux. C'est à ce titre qu'il rédigea les légendes destinées à accompagner les peintures de Ch. Lebrun, pour la grande galerie de Versailles, « légendes si mauvaises, qu'il y eut ordre de les effacer. » C'est Furetière qui le dit, mais il ne faut pas oublier que Furetière, exclu de l'Académie, était en guerre avec la plupart de ses anciens confrères, notamment avec ceux qu'il appelait *les Jetonniers*, parmi lesquels il rangeait les deux Tallemant.

Le bagage littéraire de l'abbé P. Tallemant est léger. Il se compose, outre le *Voyage à l'île d'Amour*, d'un *Éloge* de P. Séguier, chancelier de France ; d'une oraison funèbre de Ch. Perrault et des *Remarques et décisions de l'Académie française*. A cet ouvrage l'auteur n'avait mis que les initiales L. T. ; d'Olivet nous apprend que l'Académie lui enjoignit, voulant lui laisser la responsabilité de l'œuvre, d'y mettre son nom en toutes lettres.

Il fut l'un des rares amis de Mme de la Sablière, pénitente, qui l'accompagnèrent pieusement à sa dernière demeure.

III

ANTOINE DANCHET

1671-1712-1748

Comme l'abbé P. Tallemant, son prédécesseur, Antoine Danchet appartint à deux académies, à l'Académie française et à celle des Inscriptions; il fut aussi attaché à la bibliothèque du roi.

Il avait une figure franche et naïve, un air innocent et quelque peu crédule; aussi le portrait qu'en a tracé J.-B. Rousseau a-t-il été pris sur le vif :

> « Je te vois, innocent Danchet,
> Écouter les vers que je chante,
> Comme un sot pris au trébuchet,
> Grands yeux ouverts, bouche béante. »

Né en 1671, de parents pauvres, Danchet fut élevé au collège des pères de l'Oratoire de Riom, sa ville natale, et vint terminer ses études chez les jésuites de Paris.

Il était encore en rhétorique quand la prise de Mons, en 1691, lui inspira, — c'était alors le règne de la poésie latine,— une pièce de vers latins qui fut remarquée, et lui ouvrit la carrière de l'enseignement. N'est-ce pas une pièce latine sur le Carrousel de 1662 qui commença la fortune de l'abbé Fléchier?...

Danchet fut obligé d'abord, pour vivre, de donner des répétitions (1), puis il devint professeur de rhétorique au collège de Chartres, et, enfin, entra dans la maison de Mme de Turgis, chargé de l'éducation de ses deux enfants. Mais il sentait qu'il n'était pas né pour une éternelle pédagogie, et certaines aspirations le tournaient vers le théâtre.

Après des odes, des cantates, des épîtres, il composa un opéra, *Hésione*. Or, cette pièce, l'une de ses meilleures, au lieu d'encouragements et d'une récompense, lui valut des désagréments, une expulsion et un procès. La famille de Turgis, dominée par ses idées religieuses, lui retira l'éducation des enfants, et demanda la nullité d'un legs d'une rente viagère que la mère, en mourant, avait assurée au précepteur de ses deux fils. Dan-

(1) De nos jours, MM. Delangle et Marrast ont commencé par là. Après avoir été maîtres d'études dans un collège de Paris, ils sont morts, l'un sénateur et procureur général à la Cour de Cassation ; l'autre, ancien rédacteur en chef de la *Tribune* et du *National*, et président de l'Assemblée nationale de 1848.

chet l'avait bien gagnée, mais il n'en fallut pas moins, pour la lui conserver, le patronage de Dumont, avocat distingué, et un arrêt du Parlement.

Rendu à sa vie d'études et à son amour pour le théâtre, il composa des tragédies, des opéras et des ballets, pour lesquels il s'adjoignit le compositeur Campra.

De 1706 à 1735, il donna à la scène quatre tragédies : *Cyrus*, *les Tyndarides*, *les Héraclides* et *Nitétis* ; sept opéras : *Hésione*, *Tancrède*, *Alcine*, *Idoménée*, *Téléphe*, *Camille*, *reine des Volsques*, *Achille et Deidamie*, et quatre ballets : *Aréthuse ou la Vengeance de l'Amour*, *les Muses*, *les Fêtes vénitiennes*, et *les Amours de Mars et de Vénus*.

Ses œuvres ne furent recueillies et ne parurent qu'après sa mort (1).

Danchet entoura de tendres soins sa mère restée pauvre. D'une humeur douce, d'un commerce facile, il n'était point jaloux des succès de ses confrères et ne répondit jamais à une épigramme. Bon et serviable, il accueillait et encourageait les jeunes auteurs et ne leur refusait pas les conseils de son expérience.

La chronique a conservé l'anecdote d'un jeune poète qui était venu lui soumettre une pièce de vers. L'élégie, car c'en était une, dans laquelle l'auteur s'apitoyait sur les infortunes de sa maîtresse, débutait par ce vers :

« Maison qui renfermez l'objet de mon amour ! »

Danchet, se rappelant le précepte de Boileau, à l'endroit de l'élégie, arrête son lecteur : Maison, maison, lui dit-il, ne trouvez-vous pas que c'est un peu... faible, un peu commun, et ne pourriez-vous pas remplacer cette expression par une plus noble? Et comme le poète consultant garde le silence : Pourquoi, continue Danchet, ne pas dire : palais, beau lieu, qui renfermez, ou tout autre synonyme? Je le voudrais bien, répondit le jeune homme un peu embarrassé, et après quelque hésitation, ce serait

(1) Paris, 1751, 4 vol. in-12.

peut-être mieux ; mais c'est qu'il ne s'agit ici ni d'un palais, ni d'un beau lieu ; ma maîtresse est accidentellement dans une maison de force...

Voltaire, un peu trop sévère peut-être, avait peu d'estime pour le talent de Danchet, et il ne le ménageait pas plus en prose qu'en vers.

« Danchet, écrivait-il à l'abbé d'Olivet, se trouve supérieur à Mallet, et en voilà assez pour lui ; il se croit au comble de la perfection (1). »

A l'occasion de sa nomination à l'Académie, il lui avait décoché cette épigramme :

« Danchet si méprisé jadis,
Apprend aux pauvres de génie,
Qu'on peut gagner l'Académie,
Comme on gagne le Paradis. »

IV

JEAN-BAPTISTE-LOUIS GRESSET

1709-1748-1777

Nommer Gresset, c'est nommer le poète de la grâce et de l'élégance ; c'est rappeler le succès de *Vert-Vert*, de la *Chartreuse* et du *Méchant*.

Né à Amiens, en 1709, fils de l'un des échevins, Jean-Baptiste-Louis Gresset fut placé chez les jésuites de sa ville, et alla terminer ses études dans l'un de leurs établissements à Paris, à Louis-le-Grand. Devinant ce que pourrait devenir un pareil

(1) Lettre de Voltaire à d'Olivet, de novembre 1735.

Jean Rolland-Mallet était premier commis du contrôleur général Desmaretz, qui recevait à sa table des hommes de lettres et des membres de l'Académie.

A la mort de Tourreil, le fauteuil de ce dernier fut offert à Desmaretz, qui eut le bon esprit de le refuser, en ajoutant toutefois : « J'ai dans mes bureaux un commis qui s'occupe de belles-lettres, et auquel le fauteuil conviendrait bien mieux qu'à moi. »

C'était Mallet, qui n'avait d'autre titre qu'une assez mauvaise ode couronnée par l'Académie. Il fut nommé, mais il est resté tellement inconnu, qu'on ne sait ni le lieu, ni la date de sa naissance.

élève, les révérends pères s'efforcèrent de l'attirer dans leur Compagnie, et le jeune néophyte, à peine âgé de seize ans, porté, c'est lui qui le dit :

« Porté du berceau sur l'autel, »

n'opposa point de résistance, et commença son noviciat. Il alla professer les humanités dans les collèges de la Société, à Tours, à Moulins, à Rouen, et plus tard à la Flèche.

Le jeune professeur débuta par un petit poème latin sur les *Grâces ;* c'était un tribut que l'élève des jésuites payait à son temps et à son éducation. Il composa ensuite, pour quelque distribution de prix peut-être, un discours latin sur l'*Harmonie.* Il n'écrivait pas toujours en latin, et c'eût été dommage en vérité, car, dans le même temps, il rimait son *Vert-Vert.* Que de fois, surtout dans les premiers mois de mon arrivée à Paris, je me suis arrêté, en allant à l'École de droit, rue Saint-Jacques, devant l'espèce de tourelle du collège Louis-le-Grand, où ce chef-d'œuvre est venu au monde ! !...

Ce petit poème fut communiqué à des amis ; des lectures en furent faites dans des réunions intimes ; des copies d'un chant furent prises, puis d'un autre, bref, un beau jour de 1733, il parut imprimé à Rouen, à l'insu de l'auteur. Ce fut un événement littéraire qui alimenta toutes les conversations. Après l'avoir lu dans sa primeur, J.-B. Rousseau écrivait à un conseiller au Parlement, son correspondant :

« Je ne sais si tous mes confrères modernes et moi, ne ferions pas mieux de renoncer au métier que de le continuer, après l'apparition d'un phénomène aussi surprenant que celui que vous venez de me faire observer, qui nous efface tous dès sa naissance, et sur lequel nous n'avons d'autre avantage que l'ancienneté, que nous serions trop heureux de ne pas avoir. »

Le ministre Bertin envoya à l'auteur un cabaret de Sèvres, ce qui fit appeler édition de Sèvres la première édition du *Vert-Vert,* suivie de tant d'autres. Mais à côté des éloges et de l'enthousiasme vinrent les tracasseries et les petites persécutions.

« ..... La pièce
Portée, au sortir de la presse,
Au Parlement visitandin,
Causa dans leurs saintes brigades,
Une ligue, des barricades,
Et sonna partout le tocsin. »

Sur les plaintes de la supérieure générale de la Visitation, sœur d'un ministre, « prude à l'humeur noire », Gresset fut envoyé à la Flèche. C'était une disgrâce. Il s'en consola, en employant le temps de son exil à traduire en vers les *Églogues* de Virgile, et à écrire deux petits poèmes nouveaux, le *Carême impromptu* et le *Lutrin vivant*.

A une première faute, aux yeux de ses supérieurs, c'était en joindre une seconde ; il les quitta en leur adressant ses *Adieux*.

« La métamorphose est finie,
Et mes jours enfin sont à moi.
.... Né pour l'indépendance,
Devais-je plus longtemps souffrir la violence
D'une lente captivité? »

Il rompit donc avec l'Institut des jésuites et entra dans le monde, auquel il apportait la *Chartreuse*, le *Carême* et le *Lutrin*.

En apprenant cette rupture, Voltaire écrivait à son ami Cideville :

« Je n'ai point lu les *Adieux* aux Jésuites, mais je suis fort aise qu'il les ait quittés. Un poète de plus et un jésuite de moins, c'est un grand bien dans le monde. »

Le monde lui fit accueil. Il fut pensionné sur la cassette, sur le *Mercure*, et sur le Prévôt des marchands, qui comptait chaque année 5,000 livres au *Poète de Paris*, nommé historiographe de l'ordre de Saint-Lazare, et membre de l'Académie.

Comme directeur, il reçut d'Alembert, Boissy et Suard, et ses réponses à ces récipiendaires, de même que son propre discours de réception, sont très faibles. Que n'écrivait-il toujours en vers ! ! Dans sa réponse à d'Alembert, il se permit, sans motifs et même sans prétexte, une attaque contre les prélats

R.F. BIBLIOTHÈQUE NATIONALE

qui manquaient aux lois de la résidence. Les évêques, membres de l'Académie, s'émurent et se plaignirent au Roi, qui témoigna au directeur son mécontentement. « Cette réponse de Gresset, écrit Buffon au président de Ruffey, est devenue célèbre par une tirade assez hors de propos contre les évêques. »

Il avait été reçu à l'Académie le même jour que le marquis d'Argenson.

« Son discours, dit Grimm, plus brillant et plus éloquent que celui du marquis, a réuni tous les suffrages.... Je crois que ce discours perdra beaucoup à l'impression, parce qu'il y a plus de grands mots que de grandes choses. »

Grimm ne s'est pas trompé dans sa double appréciation.

Gresset s'essaya infructueusement dans la tragédie; *Édouard III* tomba, ou à peu près. De la tragédie il passa au drame ; *Sydney* ne fut guère plus heureux qu'*Édouard*. Enfin il trouva sa voie dans la comédie ; le *Méchant* fut joué en 1747, au milieu d'unanimes applaudissements. Le *Méchant* fut pour Gresset ce que fut pour Piron la *Métromanie*, pour Lesage *Turcaret*. Presque dénuée d'action et d'intérêt, d'une faible intrigue, conduite par la main d'une soubrette, pâle contre-épreuve du *Tartufe*, cette comédie a dû son grand succès à des caractères bien tracés, à un style pur, naturel et élégant, à des vers bien frappés, dont plusieurs sont restés proverbes.

« Gresset, disait d'Alembert, est peut-être le poète comique dont on sait le plus de vers, quoi qu'il n'ait fait qu'une comédie. »

Il était en correspondance avec le grand Frédéric, qui chercha à l'attirer à Berlin, mais il sut résister à toutes les royales séductions. Il n'avait pas oublié la conduite du despote du Nord vis-à-vis de Voltaire ; il était d'ailleurs moins l'homme du bruit, de la foule, de l'éclat et des fêtes que du calme, de la retraite, de l'intimité et de la famille. Aussi, au séjour de Potsdam préféra-t-il celui de sa ville natale, et se retira-t-il à Amiens. Il y retrouva l'Académie qu'il y avait fondée en 1750, et dont la reconnaissance voulut en faire son directeur perpétuel, honneur que sa modestie refusa, « comme contraire à la liberté et à l'égalité des académiciens. »

Jusqu'à sa mort il assista assidûment à ses séances, qu'il charma quelquefois par des lectures. Il arriva ainsi doucement à la vieillesse, cultivant les lettres et l'affection de quelques amis, et dirigeant l'éducation de ses enfants.

L'évêque d'Amiens, avec lequel il s'était lié, Mgr d'Orléans de Lamotte, dont l'intolérance suscita le procès du chevalier de La Barre, exerça sur ses dernières années une fâcheuse influence, en lui imposant une rétractation et le sacrifice de trois comédies et de quelques poésies. Gresset, vieux et repentant, eut la faiblesse « de faire entre les mains de son évêque l'abjuration de son titre d'auteur dramatique, et, dans une pièce de vers, de demander pardon à la Vierge d'avoir fait des comédies (1). »

Cet acte de contrition sénile lui attira les épigrammes de Voltaire et de Piron.

« Ce n'est pas le nombre des écrits de Gresset qui fait sa force, puisque, sur deux petits volumes, il y en a un qui est encore de trop; mais il a eu le cachet de l'originalité, dans tout ce qui restera de lui. C'était un véritable talent né, et, n'en déplaise à Voltaire, dont les boutades ne sont pas une autorité, le *Méchant*, *Vert-Vert*, la *Chartreuse*, vivront autant que la langue française (2). »

Gresset a eu les honneurs du panégyrique et de la statue.

En 1784, Bailly et Robespierre ont concouru pour son éloge.

Sa ville natale, fière de son illustration, lui a élevé, il y a bientôt quarante ans, sur l'une de ses places publiques, une statue, et elle a, en 1878, célébré avec éclat son centenaire.

V

L'ABBÉ MILLOT

1726-1777-1785

Voici encore un élève des jésuites ! c'est le troisième pour le même fauteuil, et ce ne sera pas le dernier. Comme Gresset, il

(1) De Pongerville. *Biographie Didot*.
(2) La Harpe. *Cours de littérature*.

fut affilié à la Société, professa dans ses collèges, fut tracassé à l'occasion d'un écrit qui parut aux pères peu orthodoxe, et rompit avec elle.

Né à Ornans, dans la Franche-Comté, Claude-François-Xavier Millot se destina de bonne heure à l'état ecclésiastique.

Devenu prêtre, et ancien professeur d'éloquence, il aborda la chaire et prêcha un avent à Versailles et un carême à Lunéville, mais une timidité naturelle, la faiblesse de son organe, des gestes et un maintien embarrassés le firent renoncer à la prédication.

A la parole, il substitua la plume; il se présenta et triompha dans plusieurs concours, aux académies de Besançon, d'Amiens et de Dijon. C'est à Dijon que fut couronné son éloge de Montesquieu, et ce fut cet éloge, marqué au coin de l'esprit philosophique, qui lui valut les censures de ses supérieurs et amena sa rupture avec la Société de Jésus.

L'académicien-archevêque de Lyon, Malvin de Montazet, ne l'en nomma pas moins l'un de ses grands vicaires.

Il devint le précepteur du dernier duc d'Enghien, et la protection du duc de Noailles obtint pour lui, du marquis de Felino, la chaire d'histoire, que ce ministre venait de créer à Parme, pour l'instruction de la jeune noblesse.

L'abbé Millot a beaucoup écrit, et ses œuvres ne comptent pas moins de quinze volumes in-8.

Ce sont : des *Discours académiques* sur divers objets;

Des *traductions :* celle de l'*Essai sur l'Homme*, de Pope; des *Harangues sur la Couronne*, d'Eschine et de Démosthène;

Des *Discours choisis* des historiens latins;

Les *Éléments de l'Histoire de France; —* de *l'Histoire d'Angleterre; —* de *l'Histoire romaine; —* de *l'Histoire générale ancienne* et de *l'Histoire générale moderne*, etc.

Ses deux histoires abrégées de France et d'Angleterre sont de tous ses ouvrages ceux qui ont le plus réussi. La première a eu les honneurs d'une douzaine d'éditions, et de la traduction en plusieurs langues étrangères, même en langue russe. La seconde a eu un succès presque égal à la première.

Tels étaient les titres littéraires de l'abbé Millot, lorsque s'ouvrit la succession académique de Gresset. Sa candidature fut vivement appuyée par la maison de Noailles, qui ne négligea ni démarches ni recommandations. A l'un de ses protecteurs, qui sollicitait en sa faveur un suffrage rétif : « Je le donnerai, j'y consens, dit avec malice l'académicien ainsi pressé, mais me répondez-vous que votre candidat écrira un peu mieux à l'avenir ? »

Le parti des philosophes ne fut point hostile à son élection. D'Alembert, leur chef à Paris, avait dit aux siens : « Il n'a du prêtre que l'habit ; de tous les hommes que j'ai connus, ajoutait-il, c'est celui qui a le moins de préventions et de prétentions. »

Il fut nommé, et put siéger pendant quelques années à l'Académie, à côté de son archevêque. Il mourut trois ans avant lui, le 11 mars 1785, et dix-neuf ans plus tard, jour pour jour, son ancien élève, le duc d'Enghien, enlevé, au mépris du droit public, sur un territoire étranger, jugé par un conseil de guerre illégalement composé, tombait dans les fossés de Vincennes, sous des balles françaises. C'est un crime qui a imprimé au front du premier Empire une tache de sang, que la toute-puissance de Napoléon n'a pu effacer.

VI

L'ABBÉ MORELLET

1727-1785-1829

L'abbé Morellet n'avait qu'un an de moins que l'abbé Millot, de sorte qu'ils auraient pu se rencontrer comme rivaux, se disputant l'héritage de Gresset. L'abbé Morellet ne le recueillit que de seconde main, mais il le garda six ou sept fois aussi longtemps que celui auquel il était échu directement.

André Morellet était le fils d'un papetier de Lyon, et l'aîné de quatorze enfants.

Il entra au collège des jésuites de sa ville natale, qui firent souvent sur lui l'expérimentation de leur méthode d'enseignement.

« En cinquième, dit-il dans ses *Mémoires*, je fus constamment un des derniers de la classe, et fouetté régulièrement tous les samedis... pour l'exemple et l'instruction des autres ; il est sûr que pour moi, cela ne me servait de rien..... »

Il devint un meilleur élève dans les classes d'humanités.

Il ne quitta le collège que pour entrer à Paris, au séminaire des Trente-Trois ; du séminaire il passa à la Sorbonne, où il fit ses études théologiques. Il y rencontra pour condisciples Loménie de Brienne et Turgot, qui, arrivés au pouvoir, ne l'oublièrent pas et lui furent utiles. En même temps que ses auteurs de théologie, il y lut Locke, Bayle, Buffon et Voltaire ; il fit la connaissance de d'Alembert et de Diderot, qu'il allait voir le dimanche matin, « mais en cachette, *propter metum judæorum.* »

Précepteur du fils de M. de la Galaizière, chancelier du roi de Pologne, il fit avec son élève un voyage en Italie, et le conclave qui s'ouvrit pour donner un successeur à Benoît XIV le conduisit à Rome.

L'abbé de Canillac, auditeur de rote, le reçut chez lui, et le logea dans sa bibliothèque, toute formée de théologiens et de canonistes. En parcourant ce grand nombre de volumes, dont plusieurs assez rares, il tomba sur le *Directorium inquisitorum*, de N. Eymeric, grand inquisiteur au XVIe siècle. C'était un in-folio de 1578 ; il le lut, l'étudia, le conféra avec d'autres ouvrages sur la matière, et fit paraître, à son retour à Paris, le *Manuel des Inquisiteurs*, auquel il dut un commencement de réputation. Voltaire, en recevant l'ouvrage, écrivait à son ami Thieriot :

« Je suis enthousiasmé du petit livre de l'Inquisition ; jamais l'abbé *Mords-les* n'a mieux mordu, et la préface est un des meilleurs coups de dent qu'ait jamais donnés Protagoras (1). »

Palissot venait de faire représenter au théâtre la comédie des

(1) Protagoras est le nom que Voltaire donne à d'Alembert, qui avait écrit la préface du *Manuel des inquisiteurs*, comme il donne à Diderot celui de Platon. *Lettre de Voltaire à Thieriot, de janvier 1762.*

Philosophes, dans laquelle il montrait J.-J. Rousseau marchant à quatre pattes; l'abbé Morellet répondit à cette attaque contre ses amis par la *Préface des philosophes ou la Vision de Ch. Palissot*, pamphlet qui lui valut deux mois de prison, mais qui augmenta sa considération dans le camp philosophique. Ce fut le crédit de Mme la maréchale de Luxembourg, poussée par J.-J. Rousseau, qui lui ouvrit, après deux mois, les portes de la Bastille.

Un ouvrage plus sérieux occupa ses veilles. A la prière du ministre Malesherbes, il traduisit, en changeant l'ordre des matières de l'ouvrage, le *Traité des délits et des peines*. A l'occasion de cette traduction, qui, en propageant les principes du jurisconsulte italien, concourait à l'adoucissement de la législation criminelle, Beccaria écrivait : « J'avoue que je dois tout aux livres français, et surtout à mon traducteur. » Elle eut sept éditions en un an.

Les remerciements de Beccaria à l'abbé Morellet étaient-ils bien sincères? on peut en douter, s'il faut en croire la *Correspondance de Grimm*, dans laquelle on lit :

« Par une présomption bien ridicule et bien impertinente, l'abbé crut qu'il lui était réservé de mieux ordonner ce traité : en conséquence, il le dépeça par morceaux et le *recousut* comme un habit d'arlequin, bien persuadé d'avoir rendu un service important à son auteur original. »

Grâce « à la solidité et au piquant de sa conversation, à l'enjouement de son humeur, à sa droiture et à la fermeté de son caractère », l'abbé Morellet était recherché dans le monde. Mme Geoffrin, qui lui légua, en mourant, une rente viagère de 1,200 livres, le comptait parmi les habitués de son cercle ; il était des soupers du baron d'Holbach et vivait dans la société de Diderot et de d'Alembert, de Chamfort et de Marmontel, qui épousa sa nièce, de Suard, de Garrick et de Franklin.

Voltaire l'appelait : « Mon cher philosophe, mon cher docteur philosophe, mon cher philosophe sorbonique, » et, avec ses correspondants, l'abbé *Mords-les!* à cause de sa causticité et de son esprit batailleur (1).

Ce n'était pas assez pour lui que de correspondre avec le patriarche de Ferney, il voulut encore recevoir de sa main le baptême philosophique, et il se présenta à lui sous les auspices et avec une lettre d'introduction de d'Alembert.

« Cette lettre, écrivait celui-ci à Voltaire, vous sera remise par M. l'abbé Morellet qui, quoique théologien et presque docteur, fait le voyage de Lyon à Genève tout exprès pour vous voir, et pour aller de là s'en vanter à Rome... J'ose vous assurer que vous en serez très content..., et je crois que vos ministres de Genève, en le voyant, prendront assez bonne opinion de la Sorbonne, depuis que l'*Encyclopédie* se l'est associé. »

L'abbé Morellet était, en effet, l'un des collaborateurs, et non des moins actifs, de l'*Encyclopédie* et du *Mercure*. Ferney fit au visiteur un excellent accueil, et depuis, Voltaire échangea avec lui plusieurs lettres. Il lui écrivait, dès 1776 :

« Pourquoi n'entreriez-vous pas dans notre Académie ? Vous n'êtes point prêtre, vous êtes homme, homme aussi aimable dans la société qu'utile dans les belles-lettres et dans les affaires. »

Selon le vœu du philosophe, l'abbé Morellet entra à l'Académie, mais seulement en 1785, et Voltaire, mort depuis plusieurs années, n'était plus là pour lui donner sa voix. S'il eût encore vécu, elle ne lui eût pas manqué, pas plus que ses compliments sur son discours de réception, qui se fussent confondus avec ceux de Chamfort et de Thomas.

« Quel parti vous avez tiré de ce pauvre abbé Millot, lui disait l'un. Je n'en ai jamais su tant tirer de son vivant, et je vous aurais demandé votre secret. Au surplus, vivent les morts pour être quelque chose !...

« Il y a dans votre discours de si bonnes choses, qu'on voudrait les ôter d'un discours académique, vu le malheur dont ces sortes d'ouvrages sont menacés. »

(1) « Embrassez pour moi l'abbé *Mords-les ;* je ne connais personne qui soit plus capable de rendre service à la raison. » (*Lettre à Thieriot, de novembre 1760*).

De même que Voltaire appelait l'abbé Morellet, *Mords-les,* il appelait Palissot, *Pâlis-sot.*

« Vous avez fait valoir avec beaucoup d'art, lui disait l'autre, un fond assez ingrat (1). »

Turgot, ancien condisciple de Morellet et resté son ami, l'associa à ses travaux d'économie politique et le jeta, pour la défense de ses principes, dans une querelle avec l'abbé Galiani, qui eut le tort de se blesser de la critique de son adversaire (2).

Les ministres l'employèrent dans plus d'une négociation, et son intervention ne fut pas inutile à la conclusion de la paix, en 1783, entre la France et l'Angleterre. Elle fut signée grâce à son influence sur l'esprit du ministre anglais, lord Shelburne, depuis marquis de Lansdowne, avec lequel il s'était lié dans un voyage à Londres, qu'il avait entrepris, chargé d'une mission du gouvernement, et le roi récompensa son intervention d'une pension de 4,000 livres.

L'abbé Morellet était heureux de la situation qu'il devait à ses amitiés, à ses relations, à ses travaux, et qui lui assurait fortune et considération. A sa pension de 4,000 livres sur l'État, à celle de 1,200 qu'il tenait de la générosité de Mme Geoffrin, aux produits de sa plume et de son titre d'académicien, il joignait les revenus du prieuré de Thimers, en Beauce, qui ne s'élevaient pas à moins de 16,000 livres, quand la Révolution vint lui enlever ces biens et détruire l'Académie, qu'il avait défendue contre les attaques de Chamfort.

Il en était directeur à l'époque de sa suppression, et c'est lui qui cacha et sauva, non sans danger pour lui, les registres et les archives de la Compagnie, ses lettres de création et même le manuscrit du *Dictionnaire*.

Pendant la Terreur, qui l'avait ruiné et lui avait enlevé ses meilleurs amis, Bailly, Lavoisier, Malesherbes, il fut obligé de demander à sa plume son pain quotidien, et il écrivit force brochures et force traductions.

(1) Chamfort et Thomas, *Lettres à l'abbé Morellet*, *des 20 juin et 13 juillet 1785*.

(2) Blessé dans sa vanité, l'abbé Galiani écrivait à Mme d'Épinay : « Panurge, — c'était l'abbé Morellet qu'il désignait ainsi, — a dîné dix ans entiers avec nous, et, à moins qu'il n'eût une toile cirée sur la tête, quelques gouttes de bon sens et de philosophie auraient dû percer à travers dans dix ans. » *Lettre de mai 1770*.

Avec des jours meilleurs, l'Académie sortit de ses ruines et l'Institut fut créé. Il y entra l'un des premiers, et lui rapporta, dépositaire fidèle, ses lettres de noblesse qu'il avait dérobées aux barbares.

Il fut nommé sous l'empire, à près de quatre-vingts ans, membre du Corps législatif.

Il devint doyen de sa Compagnie et l'un des ouvriers les plus actifs et les plus utiles du *Dictionnaire*, dont la Commission avait pris l'habitude de se réunir autour de son lit. C'était un acte de déférence pour son président, qu'une chute, en sortant du spectacle, et la rupture de la cuisse forçaient depuis 1815 à garder la chambre.

L'abbé Morellet a beaucoup écrit, et sur une foule de matières. La liste de ses ouvrages, livres et brochures, serait trop longue pour être donnée en entier; reproduite dans ses *Mémoires*, elle ne remplit pas moins de 6 pages in-8. Contentons-nous de citer, outre ceux que nous avons déjà signalés, *la Théorie du paradoxe; — Portrait de Mme Geoffrin; — De l'Esprit de contradiction; — Réponse à l'écrit de M. Chamfort, Des Académies; — Petit écrit sur une matière intéressante; — la Tolérance*. Peut-être faut-il regretter qu'au lieu d'éparpiller son talent dans une foule d'écrits de circonstance, il ne l'ait pas concentré dans la composition du *Nouveau Dictionnaire du commerce,* dont il avait publié le prospectus dès 1769, et pour lequel il avait, pendant vingt ans, fouillé les bibliothèques et les archives, et réuni de nombreux matériaux.

Marmontel, son neveu, a tracé de lui le portrait suivant :

« Esprit juste, ferme, éclairé, nourri d'une saine littérature, et plein de connaissances rares sur les objets d'utilité publique, l'abbé Morellet s'était distingué par des écrits d'un style sage et pur, d'une raison sévère, d'une méthode exacte.

« Dans un autre genre, on connaissait de lui des ouvrages de plaisanterie d'un ton excellent, pleins de goût et d'un sel très fin et très piquant. Lucien, Rabelais et Swift lui avaient appris à manier l'ironie et la raillerie, et leur disciple était devenu leur rival (1). »

(1) Marmontel, *Mémoires*.

Voilà le portrait, peut-être un peu flatté, de l'écrivain ; voici en deux lignes celui de l'homme :

« Il n'a jamais eu le chagrin de perdre un seul ami, autrement que par la mort (1). »

VII

PIERRE-ÉDOUARD LÉMONTEY

1762-1819-1826

A un Lyonnais, l'abbé Morellet, succède un Lyonnais, Pierre-Édouard Lémontey. Tour à tour avocat, homme de lettres, législateur, homme public, académicien, occupant le même fauteuil et enfant de la même ville, il est le précurseur de Jules Favre.

Après de bonnes études, Lémontey entrait à vingt ans au barreau.

La Révolution le trouva exerçant, non sans honneur, sa profession ; elle le prit pour en faire un Procureur de la Commune.

Lorsque Necker quitta le pouvoir, Lyon, comme beaucoup d'autres grandes villes, présenta au roi une adresse demandant le rappel du ministre. Elle fut, pour la plus grande partie, l'œuvre de Lémontey. « Nous avons, disait-elle, un Henri IV ; il nous faut un Sully... » Le ministre n'était pas plus un Sully que le roi n'était un Henri IV.

Les départements du Rhône et de la Loire l'envoyèrent à la Législative, qu'il présida en 1791. Il s'y rangea du parti des modérés ; son rêve était une monarchie tempérée.

Le 10 août le chassa de France, et il alla demander à la Suisse un asile. Il n'en sortit qu'après les mauvais jours de la Terreur, pour revenir à Lyon, où ses fonctions d'administrateur du district lui permirent d'intervenir souvent en faveur de bon nombre de ses compatriotes émigrés, d'obtenir leur radiation et la restitution de leurs biens.

(1) Campenon, *Réponse au discours de réception de Lémontey*.

Il vint se fixer à Paris en 1797, entra, grâce à la protection de Français (de Nantes), dans l'administration des droits réunis, et cumula cet emploi avec celui de directeur du bureau de la police littéraire. Il fut, sous l'Empire et sous la Restauration, censeur des pièces de théâtre, et chargé, avec un traitement de 6,000 francs, d'écrire l'histoire de France au XVIIIe siècle.

Lors de la renaissance de l'Ordre des avocats, Lémontey, fidèle à l'esprit de sa profession, se fit inscrire au tableau de Paris.

A l'étude du droit il joignit celle des lettres, mais bientôt il sacrifia la première à la seconde.

Deux petits opéras-comiques, *Palma ou le Voyageur en Grèce* et *Romagnesi* le firent applaudir à Feydeau.

Les lecteurs ne firent pas un moins bon accueil à deux ouvrages, pleins de grâce, d'esprit et d'originalité, dans lesquels, imitateur de Voltaire, il frondait les travers de l'époque : *Raison et folie ; Chacun son mot ; Petit Cours de morale mis à la portée des vieux enfants*, et le *Récit extraordinaire de ce qui s'est passé à la Société des observateurs de la femme.*

Il y avait deux hommes dans Lémontey, le censeur qui tenait à sa place et voulait se ménager bien avec le pouvoir, l'homme du monde et l'écrivain journaliste, qui voulait avoir ses heures d'indépendance, au moins apparente, et faire sans danger un peu d'opposition à l'autorité.

Le censeur, l'homme du gouvernement sacrifiait volontiers à l'à-propos. Ainsi, pour le couronnement de l'Empereur, il composait : *Irons-nous à Paris ? ou la Famille du Jura ;* pour l'une de ses campagnes : *la Vie d'un soldat, en trois dialogues, composée par un conscrit et dédiée à son Colonel ;* pour l'accouchement de l'Impératrice : *Thibault, ou la naissance d'un Comte de Champagne.*

L'homme du monde aimait parfois à se montrer dans la société frondeur... anodin des actes des gouvernants.

Enfin l'écrivain envoyait à la *Minerve* et au *Constitution-*

nel des articles d'opposition... anonymes. Bref, sans faire à sa position officielle le sacrifice de ses opinions, il sut les approprier à ses exigences.

Les ouvrages les plus importants de Lémontey sont son *Essai sur l'Établissement monarchique de Louis XIV* et son *Histoire de la Régence et de la Minorité de Louis XV*.

Comme la plupart des jeunes littérateurs, il avait débuté dans les concours académiques, et ses *Éloges* de Cook, de Peiresc et de Vicq-d'Azyr y avaient été couronnés.

Il ne s'était jamais senti de goût pour le mariage Il vécut de la vie indépendante de garçon, aimant le monde, y étant recherché pour son esprit et sa conversation, n'ayant aucun train de maison; nous ne savons lequel de ses biographes a écrit qu'il se ménageait par an trois cent-soixante-cinq invitations à dîner.

« Épicurien par ses opinions, passablement cynique dans son langage et ses habitudes, il était d'une société douce et facile, sans nul sentiment de malveillance, d'envie ni d'hostilité (1) ; » c'était un type assez réussi d'égoïsme et d'avarice.

De son temps, le droit de péage existait encore, et, pour aller à l'Académie, il lui fallait passer par le pont des Arts et payer un sou. Or, pour se soustraire à cette perception, qu'il appelait un impôt, nous nous sommes laissé dire qu'au prix d'un assez long détour, il allait traverser la Seine au pont Neuf ou même au pont Royal. Il pensait, apparemment, comme La Fontaine, mais par un autre motif, que le chemin le plus long ne l'était pas trop pour arriver à l'Académie. Cette réputation d'avarice inspira à un versificateur, l'un de ses confrères, dit-on, le quatrain suivant :

Lémontey, patron des musards,
Pousse si loin l'économie,
Qu'il passe sous le pont des Arts,
Pour aller à l'Académie.

Ce fut cette avarice, qu'on lui reprochait, qui causa sa mort.

(1) *Revue française*, mars 1830.

Invité à dîner à Sceaux chez l'amiral russe Tschitscharkhof, il voulut, pour épargner le prix d'une voiture, faire la route à pied. Parti au milieu de la plus grande chaleur du jour, il en souffrit beaucoup et fut frappé, au retour, d'une attaque d'apoplexie.

Et cependant cet avare, qui avait amassé pour des collatéraux, faisait remettre à l'Académie, en gardant l'anonyme, 1,200 francs destinés à un prix pour un poème sur les *Avantages de l'enseignement mutuel,* et prêtait à ses amis dans le besoin des sommes assez importantes... Elles atteignaient, d'après ses livres, 50,000 francs.

Lémontey, a dit l'auteur de la Notice en tête de ses œuvres (1), « avait augmenté sa fortune par l'épargne continuelle et excessive de son patrimoine. Mais l'usage qu'il a fait de cette fortune n'est point assez connu. Son penchant pour l'économie était notoire, et ses dons étaient secrets. Il a beaucoup épargné, et il a beaucoup donné. »

VIII

J.-B.-J. FOURIER

1768-1827-1830

Des lettres nous passons aux sciences, avec Fourier.

Jean-Baptiste-Joseph Fourier, membre de deux Académies, préfet de l'empire, baron, quasi-gouverneur de l'Égypte durant l'occupation française, était né dans la boutique d'un tailleur, comme l'abbé Morellet dans celle d'un papetier, et Lémontey dans celle d'un épicier.

Orphelin à huit ans, il trouva un protecteur dans un grand-oncle, P. Fourier, général et réformateur de l'ordre des Prémontrés. Il fut placé par Mgr de Cicé, évêque d'Auxerre, à l'école militaire de cette ville, dirigée par les Bénédictins de Saint-Maur.

Telles furent la promptitude de son intelligence et la rapidité de ses progrès, qu'à treize ans il avait terminé ses études, et

(1) Les œuvres de P.-E. Lémontey ont été publiées en 1829. Paris, 5 vol. in-8.

devenait professeur de mathématiques dans la maison où il avait été élève jusque-là. Malgré un goût précoce et prononcé pour les sciences exactes, le bon accueil fait par l'Académie à un Mémoire où le jeune savant de treize ans se laissait déjà deviner, et des épreuves traversées avec succès, il ne put entrer dans l'artillerie ou le génie, vers lesquels le poussaient ses aptitudes.

Quelque peu découragé, il se résignait à rester professeur dans un collège de province ; il prenait, comme novice, la robe de ses maîtres et était à la veille de ses vœux, quand la Révolution, en l'arrêtant sur le seuil, changea ses destinées.

Elle lui ouvrit l'École normale, et en fit l'un des directeurs de ses conférences. Ses connaissances, la méthode et la clarté de ses leçons, la facilité et l'élégance de sa parole firent remarquer son enseignement, et, lorsque l'École polytechnique fut créée, il en devint, à la recommandation de Monge et de Lagrange, l'un des premiers professeurs.

Sa voie, celle de son choix, était trouvée, et il espérait bien ne pas en sortir, mais voilà que le général Bonaparte, partant pour la conquête de l'Égypte, emmène avec lui une escorte de savants. Ce fut sa Commission scientifique d'Égypte, et Fourier, après la prise du Caire, en fut nommé le secrétaire perpétuel.

L'Égypte devint pour lui la terre promise ; il s'y révéla comme savant, comme littérateur, comme administrateur, et le général en chef sut le faire servir à l'exécution de ses projets. Il le créa commissaire du gouvernement près du Divan, lui confia l'administration de la justice, et le chargea, pendant l'expédition de Syrie, du gouvernement d'une partie de l'Egypte, de sorte qu'il arriva un moment où « le secrétaire d'une Académie des sciences se trouva presque le gouverneur d'une moitié de l'Égypte (1). » Il fut le chef de l'une des deux expéditions qui remontèrent le Nil, pour explorer les monuments de la haute Égypte.

Ce fut lui qui conclut avec Mourad-Bey le traité de pacification, utile assurément aux intérêts français, mais qui ne produisit pas les résultats qu'on était en droit d'en attendre.

(1) M. Villemain.

Ce fut lui encore qui prononça, en présence de l'armée, l'éloge funèbre de Kléber, frappé par le poignard d'un fanatique, et quelques mois plus tard, celui de Desaix, tombé glorieusement à Marengo (1).

Le panégyriste avait vécu dans l'intimité de ces deux héros et dans celle du général en chef.

Celui-ci aimait ses classiques latins, et il en avait emporté avec lui en Égypte une petite collection. Il affectionnait Lucain, mais il ne le comprenait pas toujours bien, et faisait parfois, en le traduisant, des contresens. Plus d'une fois, sur les bords du Nil, ou au pied des Pyramides, Fourier lui en facilita l'intelligence, non sans quelques tâtonnements et sans quelques hésitations. Cet embarras momentané du savant faisait dire au général étonné : « Mais on ne sait donc plus le latin en France ! Un jour, j'y mettrai bon ordre, ajoutait-il », rêvant sans doute déjà l'Empire et la réorganisation de l'Université.

Revenu en France avec les savants de l'expédition, ses compagnons de dangers et d'études, il fut nommé par le Premier consul préfet de l'Isère.

Sous son administration, qui dura autant que l'Empire, furent desséchés les marais de Bourgoin, travail immense, plusieurs fois entrepris et toujours abandonné, qui ramena la salubrité et l'abondance dans quarante communes, rendues à l'agriculture.

L'esprit des affaires n'étouffait point chez M. Fourier l'amour des sciences et des lettres, et ses fonctions préfectorales n'absorbaient pas tout son temps ; il en trouvait encore pour écrire ses remarquables mémoires sur les *Antiquités astronomiques de l'Égypte* et son discours préliminaire, servant de préface historique au *Grand ouvrage sur l'Égypte*. Cette belle introduction peut être comparée à celle que d'Alembert composa pour l'*Encyclopédie*.

Au retour de l'île d'Elbe, en 1815, il échangea sa préfecture

(1) Ces deux *Éloges*, prononcés les 28 prairial et 11 brumaire an IX, fort peu connus, bien que célèbres, ont été recueillis par M. Cousin, dans ses *Fragments biographiques* sur M. Fourier, et publiés par la *Revue de Paris*, 1831, 26e vol.

de l'Isère contre celle du Rhône, qu'il ne garda que quelques semaines.

Dès 1816, l'Académie des sciences l'avait choisi pour remplacer M. Duhamel, mais son choix ne reçut pas l'approbation du Roi. L'année suivante, la savante compagnie le choisit de nouveau, et à l'unanimité : cette fois, le Roi céda devant la persistance de l'Académie.

Il partagea avec Cuvier les honneurs du secrétariat perpétuel, et prononça les *Éloges* de Delambre, Herschel, Charles et Bréguet. Les deux secrétaires, l'un et l'autre bons écrivains, se retrouvèrent à l'Académie française.

« La bienveillance chez M. Fourier le disputait au désintéressement. C'étaient là ses deux vertus naturelles; il les pratiquait sans effort, parce qu'elles faisaient comme partie de lui-même (1). »

IX

VICTOR COUSIN

1792-1831-1867.

M. Fourier avait connu M. Cousin qui devait lui succéder. Plus d'une fois les habitués du Luxembourg avaient pu voir un vieillard et un jeune homme se promener ensemble, dans les allées ombreuses du jardin, causant littérature, histoire et philosophie ; c'étaient MM. Fourier et Cousin. Est-ce que celui-ci, comme autrefois l'abbé Maury, prenait déjà la mesure de son prédécesseur (2)?

Victor Cousin naquit au faubourg Saint-Antoine, l'an pre-

(1) Cousin, *Discours de réception*.

(2) M. l'abbé de Boismont, prédicateur du roi et membre de l'Académie, avait encouragé les débuts dans la chaire de l'abbé Maury. Celui-ci, par reconnaissance et par amitié, le visitait assez fréquemment, surtout dans sa dernière maladie. Un jour qu'il l'interrogeait avec une sorte d'insistance et lui demandait des détails sur sa vie, l'abbé de Boismont, croyant s'apercevoir que son interlocuteur cherchait des matériaux pour un article nécrologique, ou pour un éloge académique : *Ah! ça, l'abbé,* lui dit-il en souriant, *est-ce que par hasard vous voulez me prendre mesure ?*

mier de la République, dans l'atelier d'un horloger, comme J.-J. Rousseau.

Il fut l'un des plus brillants élèves du collège Charlemagne, et remporta, au concours général de 1810, le prix d'honneur (1). Il fut couronné par les mains du Grand-Maître de l'Université, M. de Fontanes, dans la salle où, quelques années plus tard, il professait au milieu d'applaudissements enthousiastes.

Le prix d'honneur avait pour l'élève couronné le double avantage de l'exempter du service militaire et de lui ouvrir les portes de l'École normale. Cousin y entra donc, et il n'avait pas vingt ans, qu'il y était répétiteur de littérature ancienne et moderne et maître de conférences.

A ce moment, le Ministre de l'intérieur, M. de Montalivet, qui n'avait pas oublié les triomphes du lauréat de 1810, lui offrit le titre d'auditeur au Conseil d'État et la place de son secrétaire particulier, avec 6,000 francs d'appointements. M. Cousin sut résister aux séductions de l'offre, aux désirs du ministre et à la pression paternelle; il resta à l'École normale.

Il y était destiné à l'enseignement des lettres; une circonstance fortuite l'en détourna. Comme il était partout où l'on pouvait apprendre, il entra un jour au cours de philosophie de M. Laromiguière, fut séduit par la parole simple et convaincue du professeur, par la netteté de son exposition, par les lumières qu'il répandait sur la science qu'il enseignait, et il sortit de la leçon, converti à la philosophie, et disciple assidu, pour l'avenir, de M. Laromiguière. Cette leçon éveilla chez lui un sens ignoré. Entré au cours littérateur, il en sortit philosophe :

(1) Deux ans auparavant, en 1808, le prix d'honneur avait été remporté par un élève du même collège, M. Sigismond Glandaz, mort, en 1877, président honoraire de la Chambre des avoués au Tribunal de la Seine, et dont tous les hommes de palais ont conservé le souvenir.

En 1824, c'était encore un élève de Charlemagne, M. Arvers, qui obtenait le prix d'honneur. Enfin, ce même collège l'a gardé quatre années de suite, de 1842 à 1845.

Parmi les lauréats du grand concours qui ont tenu les promesses de leurs premières couronnes, citons MM. Charles Dupin, Naudet, V. Leclerc, les deux de Wailly, Drouyn de Lhuys, Cuvillier-Fleury, Rigault, Lenient, Taine, Ed. About, etc.

c'était Malebranche trouvant dans la lecture d'une page de Descartes la révélation du secret de son génie.

Il renonça aux lettres pour les sciences et professa sans retard, au lycée Bonaparte, la philosophie qu'il étudiait encore.

Un autre professeur de philosophie, que la politique enlevait à l'Université, Royer-Collard, le choisit pour le remplacer dans sa chaire à la Sorbonne. M. Cousin s'y montra avec éclat; mais, fort jeune, il n'avait pas encore de système philosophique arrêté, et il flottait entre les diverses écoles.

Ainsi d'abord, à la suite de Laromiguière, il adopta, en les modifiant, les principes de l'école sensualiste de Locke et de Condillac; avec Royer-Collard, ceux de l'école idéaliste écossaise de Th. Reid et de Dugald-Steward; avec Kant, Schelling et Hegel, ceux de l'école allemande; puis une dernière évolution l'amena à l'éclectisme. L'éclectisme! « philosophie nécessaire du siècle, seule conforme à ses besoins et à son esprit, » disait-il; beau nom, ajoutons-nous, mais trop vague, trop élastique peut-être, qui suppose la connaissance de tous les systèmes et un choix entre eux, l'emprunt à chacun d'eux de ce qu'il a de bon, l'abandon de ce qu'il a de mauvais.

Pendant six ans, M. Cousin prêta à ces divers systèmes le charme et l'entraînement de sa parole; pendant six ans, il « dramatisa l'histoire de la pensée humaine et introduisit l'émotion dans l'analyse même de cette pensée (1); » mais, en 1821, en même temps que Royer-Collard sortait du conseil royal de l'Université, que l'École normale était fermée, il voyait son cours suspendu par une politique ombrageuse et réactionnaire.

La Restauration avait oublié sans doute le volontaire de 1815, en créant des loisirs au professeur de philosophie. Il en profita pour entreprendre la publication des œuvres de Proclus et de Descartes, la traduction de Platon et un voyage en Allemagne. Dans ce pays de l'érudition, il rencontra l'amitié de Hegel et les sympathies de la jeunesse studieuse, mais aussi les tracasseries de la police et les rigueurs de la prison, d'où il ne sortit, au

(1) G. Planche. *Revue des Deux-Mondes*, novembre 1853.

bout de six mois, que sur les clameurs répétées de la presse et l'intervention, un peu forcée, de la diplomatie.

L'année 1828 fit époque dans la vie de M. Cousin, comme dans celle de MM. Guizot et Villemain et dans les annales de l'enseignement à la Sorbonne. Grâce aux événements de cette année, à la chute du ministère Villèle et à l'avènement du ministère Martignac, M. Cousin put reparaître dans sa chaire. Nous assistions à sa première leçon; c'était, s'il nous en souvient bien, au mois d'avril. A peine eut-il salué, et laissé tomber ces premiers mots : « Heureux et fier de reparaître en ma chaire, au retour des espérances constitutionnelles de la France, j'éprouve, messieurs, dans ma loyale reconnaissance, le besoin d'en remercier publiquement mon pays, le roi et l'administration nouvelle », que l'ovation commença, pour ne finir qu'avec la leçon.

Raconter son triomphe, dire la puissance de sa parole, la fascination de son geste et de son regard, l'enthousiasme, porté jusqu'au délire, de son nombreux auditoire, serait chose impossible, et ceux qui n'en ont pas été les témoins ne nous croiraient pas ou crieraient à l'exagération. Un pareil jour n'a pas de lendemain dans la vie; si le professeur avait eu là sa voiture, nous ne doutons pas que les fanatiques n'eussent dételé les chevaux, dont ils auraient pris la place, et ne l'eussent traîné triomphalement jusque chez lui.

Le général Foy s'étant un jour mêlé à ses auditeurs de la Sorbonne, l'avait appelé le Prince de la jeunesse.

La Révolution de 1830, à laquelle il n'avait pris qu'une part rétrospective, lui ouvrit la carrière politique et administrative. Il fut nommé membre du Conseil royal de l'instruction publique, directeur de l'École normale, commandeur de la Légion d'honneur et pair de France; il prit place à l'Académie française et à celle des sciences morales et politiques, et voyagea aux frais du Trésor, chargé de missions scientifiques en Prusse et en Hollande. Enfin, quand M. Thiers prit, en 1840, la présidence du ministère, il reçut le portefeuille de l'instruction publique.

Devant tant d'emplois et tant de faveurs, la *Némésis* de Barthélemy avait pu dire à l'heureux fonctionnaire :

..... Dans nos jours de souffrance,
Il faudrait seulement pour affamer la France,
Dix philosophes comme toi.

Ministre, il eut l'occasion de prononcer quelques beaux discours pour la défense de l'Université.

Le second Empire le rendit à la vie privée.

M. Cousin était éclectique en politique, comme en philosophie, et ses transformations ne lui coûtaient pas plus dans l'une que dans l'autre science. Napoléonien sous le premier Empire, royaliste avec la Restauration, libéral de l'opposition avec le ministère Martignac, orléaniste sous Louis-Philippe, quasi-républicain en 1848, certains prétendent que, si la mort eût attendu quelques années encore, il se fût rallié au second Empire, qui déjà avait donné son nom à une rue, et qui lui montrait, en perspective, un siège au Sénat, entre MM. Sainte-Beuve et de Sacy, à côté de M. Mérimée (1). « Il parlait de l'Empereur avec une ferveur qui rendait la conversation entre lui et plusieurs de ses plus anciens amis impossible ou bien difficile. Vous avez

(1) « M. Cousin fut sans doute, jusqu'en 1814, napoléonien, comme tous les jeunes gens de son temps. En 1815, il devint royaliste ardent ; vers 1817, 1818, carbonaro ou ami des carbonari ; plus tard, accusé par ses frères et amis de les avoir quittés ; en 1828, royaliste-chartiste ou constitutionnel de la branche aînée ; après 1830, philippiste dévoué ; en 1848, associé au mouvement républicain ; peu après, réactionnaire ; depuis plusieurs années, il n'était bruit que de son ralliement au napoléonisme.

« M. Cousin n'a pas moins varié en philosophie qu'en politique. Après avoir été successivement disciple de Condillac, de M. Laromiguière, de M. Royer-Collard, des Écossais, de Kant, de Platon et de Proclus, M. Cousin, méditant sur ces variations de son esprit, pensa qu'elles venaient de ce que tous les systèmes sont en partie vrais et en partie faux. Il prononça, dès lors, le mot d'éclectisme, comme il le raconte lui-même. » (M. Gatien Arnoult. *V. Cousin. L'École éclectique et l'avenir de la philosophie française.*)

Sur le ralliement probable de M. Cousin au second Empire, nous avons raconté ailleurs l'anecdote suivante : le gouvernement impérial venait de donner son nom à une des rues qui conduisent à la Sorbonne, lorsqu'il fut rencontré par un ami, haut fonctionnaire, qui lui dit en souriant : — « Eh bien ! incorruptible, il paraît que nous nous rattachons au pouvoir ? » — « Ne vaut-il pas mieux, repartit vivement Cousin, s'y rattacher par une rue que par une place ? » L'interlocuteur comprit le jeu de mots et ne demanda pas de commentaire.

un politique, aimait-il à dire, et il traitait avec mépris tout ce qui faisait obstacle à ce politique (1). »

Dans M. Cousin la postérité verra moins le philosophe, malgré le retentissement de son enseignement, que l'orateur et l'écrivain. Il avait de l'un et de l'autre toutes les qualités maîtresses : de l'orateur, la science et l'inspiration, l'imagination qui crée, la méthode qui classe, la parole qui colore, et, de plus, ces avantages naturels, puissants auxiliaires de l'éloquence, la voix, le geste et le regard ; de l'écrivain, la propriété et la richesse de l'expression, la clarté et la correction.

M. Cousin était orateur dans sa chaire, à la Sorbonne, à la tribune législative, au Luxembourg, dans les salons, dans son cabinet. Nous ne pouvons que répéter avec les critiques du temps qui l'ont entendu et les amis qui ont vécu dans son intimité : « que ses leçons improvisées et recueillies par la sténographie ne perdaient rien à la lecture de leur charme et de leur puissance, et que l'œil le plus attentif n'y découvrait pas une pensée oiseuse, une épithète parasite ; que la parole du professeur, telle qu'elle s'était échappée de ses lèvres, en se fixant sur le papier, avait conservé tout son attrait. »

Et encore : « que la puissance de sa parole, de son geste et de son regard était telle, que les auditeurs en étaient fascinés ; que son éloquence publique était incomparable et que son éloquence privée ne l'était pas moins ».

« Le talent de M. Cousin est oratoire, dit l'auteur des *Philosophes français au dix-neuvième siècle*, M. H. Taine. Il a le don et le goût de l'éloquence : vous trouvez en lui toutes les qualités qui peuvent la nourrir et l'orner. »

« Une abondance inépuisable, ajoute un de ses derniers disciples, une verve pleine de grâce et de malignité, une richesse de souvenirs sans égale, une soudaineté de vues, une grandeur de gestes, et, avec cela, une tête admirable, et des yeux d'où l'esprit sortait comme un torrent : tel était M. Cousin dans l'in-

(1) M. E. Bersot, *Journal des Débats*, 11 novembre 1879.

timité, tel il fallait le voir si l'on veut bien se rendre compte de la place considérable qu'il a occupée dans notre siècle, et du bruit qu'a fait son nom (1).

Dans l'orateur on retrouvait l'écrivain plein de goût, comme dans l'écrivain on retrouve l'orateur au langage imagé et entraînant.

L'écrivain s'était formé à la grande école du XVIIe siècle ; son poète était Corneille, son prosateur Pascal. Il avait fait de J.-J. Rousseau une profonde étude : « Je suis de son école, disait-il, » ajoutant : « Le style, c'est le mouvement. » A force d'art et de savoir, il avait retrouvé le génie, les secrets de cette admirable langue du XVIIe siècle, son élégante netteté, sa précision chaleureuse, sa justesse et sa constante harmonie (2). » M. Cousin nous paraît le premier prosateur de son époque, qui était cependant aussi celle de Lamennais et de Mme G. Sand.

Dans ses dernières années, M. Cousin était revenu au culte des lettres, qui avaient eu les prémices de sa jeunesse. Il s'était épris de passion pour les femmes célèbres du XVIIe siècle, et c'est à cette passion que nous devons ses belles études sur Mmes de Longueville, de Sablé, d'Hautefort et de Chevreuse. Mais l'amour du philosophe, dit-on tout bas, n'était pas exclusif, et tout entier pour le passé ; il en avait réservé quelque peu pour le présent, et l'amoureux de Mme de Longueville, au XVIIe siècle, s'il faut en croire les indiscrétions de l'auteur des *Guêpes*, était aussi celui d'une muse du XIXe. Faut-il s'en étonner, après tout ? Pourquoi ne permettrions-nous pas à M. Cousin ce que la Grèce permettait à ses sages ?...

M. Cousin n'a point oublié qu'il devait tout à l'Université, et, en fils reconnaissant, il lui a rendu, en mourant, la fortune qu'il en avait reçue. Il lui a laissé par testament sa précieuse bibliothèque, avec une rente de 10,000 francs, destinée à son entretien et au traitement des conservateurs. Il a, de plus, légué à

(1) G. Planche, *Revue des Deux-Mondes*, novembre 1853 ; M. P. Janet, même recueil, février 1867.
(2) A. Dufai, l'*Illustration*, 12e vol.

Mon cher ami,

M. Desfrançais ancien notaire estimable à tous égards, sollicite la place de secrétaire de la société pour l'instruction élémentaire dont vous êtes le président. Je connais M. Desfrançais depuis de longues années je sais à quel point il est comme homme et comme père de famille digne de votre bienveillant intérêt et je serais bien heureux qu'il put réussir dans sa démarche.

Votre bien sincèrement dévoué

Jules Favre

ce 14 fév. 1867.

LETTRE AUTOGRAPHE DE M. JULES FAVRE

l'Académie des sciences morales et politiques une somme suffisante pour un prix triennal de 20,000 francs à décerner au meilleur mémoire sur la philosophie ancienne.

L'Université, de son côté, pour perpétuer le souvenir du bienfait et du bienfaiteur, a fait placer, dans la cour de la vieille Sorbonne, le médaillon en marbre de son éloquent professeur, avec l'indication du lieu, de la date de sa naissance et de sa mort, et la reproduction de ses principales dispositions testamentaires.

X

JULES-GABRIEL-CLAUDE FAVRE.

1809-1867-1880.

1° J. Favre au Palais.

Avant de devenir le successeur de M. Cousin à l'Académie, J. Favre avait été, à la Sorbonne, l'un de ses auditeurs et de ses plus fervents admirateurs.

Il suivait, en effet, en même temps, avec le même zèle et la même assiduité, les cours du Collège de France et ceux de l'École de droit.

Il venait de soutenir sa thèse, quand éclata la Révolution de juillet 1830.

A peine majeur, le jeune licencié, déjà républicain, se laissa prendre aux avances de la politique, qui devait semer sa vie de joies et de tristesses, de triomphes et de défaites. Une lettre signée de lui, et adressée au *National*, demandait l'abolition de la Royauté, la dissolution des deux Chambres et leur remplacement par une Assemblée unique, une Convention. Mais les hommes de 1830 étaient moins avancés que lui, et, au lieu de la République qu'il appelait de ses vœux, MM. de La Fayette, B. Constant, C. Périer, Guizot, Dupin et leurs amis lui donnèrent le duc d'Orléans, dont ils firent le roi Louis-Philippe Ier, les uns, parce qu'il était, les autres, quoiqu'il fût Bourbon. Ces distinctions entre le *quoique* et le *parce que* touchèrent peu J. Favre, et l'on peut affirmer que, malgré la parole de La Fayette, le nouveau roi ne lui parut pas « la meilleure des républiques. »

Trompé, à Paris, dans ses espérances, il les emporta à Lyon, où il était né, se fit inscrire au tableau des avocats de la Cour, et mit au service de la démocratie sa plume et sa parole (1).

Un article inséré dans le *Précurseur*, et qui était une amère censure d'une décision de la Cour, provoqua des poursuites contre le gérant du journal. Cet article n'était pas signé, mais l'auteur, J. Favre, s'empressa de se faire connaître, et d'en revendiquer la responsabilité. Il le défendit, assisté de Sauzet, devant la Cour d'assises et le fit acquitter. Ce fut son premier succès oratoire et sa première étape dans le chemin de la célébrité.

Vint bientôt après le procès des *Mutuellistes*. L'association des ouvriers *Mutuellistes* était, à l'origine, une association mutuelle de secours, mais elle avait bientôt dégénéré en une association politique, et ses principaux membres étaient traduits en police correctionnelle, sous la prévention d'association illicite. Les prévenus avaient réclamé le patronage de J. Favre ; il présenta leur défense, qui entraîna pour lui de nombreux dangers. Sa plaidoirie se termina au milieu des clameurs de l'insurrection et du bruit de la fusillade.

En quittant le palais pour rentrer chez lui, il se trouva entre les feux croisés de la troupe et des insurgés, fut poursuivi et assiégé dans sa maison, pris et conduit devant un Conseil de guerre, qui, à deux voix de plus, l'aurait fait passer par les armes.

L'insurrection de Lyon eut son contre-coup à Paris ; ce fut l'affaire de la rue Transnonain.

Ces événements parurent assez graves au gouvernement, pour qu'il en saisît la Cour des Pairs, dont l'arrêt de février 1835,

(1) Favre (Jules-Gabriel Claude) est né à Lyon, le 21 mars 1809, d'une famille de commerçants.

rendu après une longue instruction, ordonna la jonction de tous les mouvements insurrectionnels qui s'étaient produits en France, notamment à Lyon et à Paris, où la défense de ses compatriotes lyonnais devait naturellement amener Jules Favre.

Le parti républicain voulut saisir l'occasion pour donner au procès et à ses doctrines un grand retentissement. Il fit appel pour la défense des accusés à toutes ses sommités, soit au barreau, soit en dehors du barreau. C'est ainsi qu'à côté de Mes Michel (de Bourges), J. Favre, Ledru-Rollin, Dupont, Plocque, Joly, Landrin, devaient s'asseoir MM. Carrel, Lamennais, Carnot, P. Leroux, Voyer-d'Argenson, Cormenin, Trélat, Barbès, Audry de Puyraveau, etc., etc., mais le Chancelier Pasquier, qui présidait la Cour des Pairs, ne se trouva pas d'accord avec les accusés sur l'étendue du droit de défense. Il ne leur reconnut celui de se choisir des défenseurs que dans l'Ordre des avocats.

Cette limitation du droit donna lieu à plusieurs réunions, dans lesquelles on se demanda s'il fallait se présenter devant la Cour, ou s'abstenir, accepter sa compétence ou la décliner par le silence et le refus de répondre.

La majorité se prononça pour l'abstention. J. Favre, vainement pressé par Carrel, Dupont et Michel, résista et déclara qu'il plaiderait quand même. Ce jour-là, pour la première fois, le reproche, souvent répété depuis, de personnalité et d'indiscipline lui fut adressé ; ce jour-là, il devint, par son obstination, suspect même aux siens.

Il plaida donc, et, il faut bien le reconnaître, avec autant de liberté que de talent. Ses premières paroles furent l'affirmation de sa foi politique : « Je suis républicain, » dit-il aux pairs, qui l'écoutèrent avec non moins d'étonnement que de sympathie. Puis, quand il fut arrivé au terme de sa défense, se tournant vers le ministère public :

« Vous nous accusez, s'écria-t-il, d'avoir attenté à la sûreté du gouvernement, et moi, j'accuse le gouvernement de n'avoir pas déjoué cet attentat ; d'avoir nourri l'émeute, en attirant les insurgés sur la place publique, alors qu'il était si facile de la comprimer.

« Vous nous accusez d'avoir construit des barricades ; moi, je vous accuse de les avoir laissé élever sous les yeux des agents de police et de l'autorité civile, et d'avoir jeté parmi les groupes inoffensifs des excitateurs soldés.

« Vous nous accusez d'avoir usé de la force contre les défenseurs de l'ordre ; moi, je vous accuse d'avoir déchiré la loi qui protège les citoyens ; d'avoir donné une consigne qui, à elle seule, suffisait pour allumer l'insurrection ; d'avoir compromis la vie des femmes, des enfants, des vieillards ; d'avoir prolongé la lutte sans nécessité, d'avoir enseveli sous les ruines de nos maisons des familles qui ne vous attaquaient pas ; d'avoir été sourds aux demandes de trêve et de conciliation, qui vous étaient faites, et de n'avoir pas épargné la vie des vaincus.

« Vous avez prononcé votre réquisitoire, voilà le mien ! Ils resteront tous deux affichés à la porte de ce palais, et nous verrons lequel durera davantage, lequel la France lira avec plus d'indignation !... »

Jules Favre eut peine à remplir la tâche qu'il s'était imposée. Il quitta son banc, fatigué de ces longs débats, souffrant et très malade. Il lui fallut plusieurs mois pour se remettre, mais sa défense des Lyonnais lui avait conquis le titre d'orateur et une place au barreau de Paris.

Il vint s'y fixer : c'était en 1836 ; il ne tarda pas à y rencontrer sur sa route de ces grands procès qui grandirent et étendirent sa réputation, et vingt-quatre ans plus tard il devenait Bâtonnier de son Ordre.

J. Favre apportait à ses nouveaux confrères une individualité aux aspects divers, pleine de contrastes ; un mélange de rares qualités et de défauts, que les années accentuèrent davantage ; une nature d'artiste et de bénédictin.

Il était jeune alors, grand et d'une assez forte constitution. Son front était large et bombé, son regard profond, sa bouche dédaigneuse ; ses cheveux toujours en désordre ; son menton ombragé d'une épaisse barbe brune ; que les émotions, les fatigues, les agitations de la politique, plus que l'âge, blanchirent de bonne heure. Il portait à la barre la tête haute et fièrement rejetée en arrière ; sa voix pure, sonore, mordante, était tour à tour caressante, ironique, emportée. Déjà une sorte de hoquet, devenu plus fréquent et plus sensible avec l'âge, coupait ses phrases, quelquefois même ses mots.

Trop amoureux peut-être de la forme, son élocution était d'une pureté, d'une élégance irréprochables, mais elle manquait de chaleur et de passion. Sa phrase était ample, sa période cicéronienne; l'auditeur, quelque peu inquiet d'abord, mais bientôt rassuré, s'étonnait de voir le mot propre arriver sans recherche et la phrase se construire sans effort. Les discours de l'orateur, que faisaient valoir les inflexions de la voix et le commentaire du geste et du regard, perdaient peu à la lecture. Vainement, disait-il « que le discours doit être entendu, non lu ; que lu, c'est une fleur au fond d'un herbier, » il était l'un des rares avocats qui pouvaient braver la critique des lecteurs. Auditeurs et lecteurs s'accordaient pour l'applaudir.

Dans de telles conditions, J. Favre ne pouvait attendre longtemps une grande place au barreau.

Le premier procès important qu'il eut à plaider fut celui du *National*, traduit en Cour d'assises. Carrel, noble cœur, esprit élevé, oubliant le dissentiment qui avait divisé devant la Cour des pairs l'écrivain et l'avocat, lui confia la défense de son journal. J. Favre la présenta avec autant d'habileté que de talent, de succès pour le client que pour l'avocat. Je ne saurais oublier l'appréciation d'un magistrat, mort conseiller à la Cour de cassation, et qui, en quittant l'audience, après la plaidoirie, dit à ses voisins : « Voilà une bonne recrue pour le barreau de Paris! Ce jeune homme deviendra l'une de ses illustrations. » J. Favre a tenu à honneur de ne pas tromper la prédiction de M. le Président Poultier.

Les affaires de toute nature, politiques, criminelles et civiles, affluèrent bientôt dans son cabinet, « où se trouvèrent confondus, sur le pied de la même égalité, le puissant et le faible, le riche et le pauvre, le duc opulent et de vieille noblesse à côté de l'homme en blouse et le bras en écharpe, la femme du monde et près d'elle l'ouvrière, tenant par la main l'enfant qu'elle ne peut donner à garder (1). » Le faible, le pauvre, l'homme en blouse, l'ouvrière ne furent pas les clients auxquels il fit l'accueil le moins empressé, et pour lesquels il prodigua moins les efforts de son zèle et de son dévouement.

Les luttes de palais dans lesquelles il se trouva engagé, deviennent si nombreuses, que nous renonçons à l'y suivre. Contentons-nous de rappeler d'un souvenir ses plaidoiries pour F. Pyat contre J. Janin; pour Mme L. Colet, à l'occasion de la publication des lettres de Benjamin Constant; pour le comte Migeon, auquel le ministère, voulant l'écarter de la Chambre, reprochait des fraudes électorales et le port illégal de la décoration; pour Boullenois, électeur, contre M. Lavocat, député; pour le kalif Bel-Hadj, co-accusé du capitaine Doineau; pour la femme Favre, dans la succession Crépin; pour le vicomte de Noé contre le rédacteur en chef du *Figaro*, etc.

Plusieurs fois J. Favre eut le malheur de rencontrer comme adversaire M. de Villemessant, et il ne le ménagea pas. Ce fut pour lui le péché originel, comme la défense de l'Université contre les jésuites avait été celui d'Arnauld et de sa descendance. M. de Villemessant avait une plume et un journal; il n'oublia et ne pardonna jamais à Favre la vivacité de ses attaques; il lui fit une guerre qui dura autant que sa vie, et qui fut pour l'avocat la cause de bien des amertumes et de bien des chagrins.

Si nous avons glissé rapidement sur tous ces procès, il en est deux, celui d'Orsini et celui des Treize, qui doivent nous arrêter quelque temps.

Personne n'a oublié la catastrophe de l'Opéra du 14 janvier 1858, et l'attentat qui, dirigé contre la vie de l'Empereur, fit un grand nombre de victimes. Orsini, le principal coupable, qui, dans sa pensée, avait donné sa vie pour la liberté de l'Italie, vint s'asseoir avec ses complices sur le banc de la Cour d'assises; il avait fait appel au patronage de J. Favre.

Les charges de l'instruction, les aveux d'Orsini rendaient une défense impossible. Elle ne convenait d'ailleurs au caractère ni

(1) M. le vicomte de Noé. *Procès contre M. de Villemessant.*

de l'accusé, ni de l'avocat; Favre ne la tenta pas, et la remplaça par une magnifique oraison funèbre.

« Je suis loin, dit-il, avec une courageuse indépendance, de m'incliner devant tous les principes, tous les actes, tous les hommes que défend M. le Procureur général.

« Malgré les temps où nous vivons, et qui s'opposent à la libre expression de ma pensée, je n'en conserve pas moins au fond de mon cœur, avec une fierté jalouse, le dépôt sacré de mes sentiments et de mes croyances, mais leur symbole n'a jamais été le glaive ni le poignard. »

Cette profession de foi, enveloppée de formes oratoires, ne reproduit-elle pas, à vingt-cinq ans de distance, la déclaration toute nue du jeune avocat de la Cour des pairs : Je suis républicain !...

« Je suis de ceux, continue l'orateur, qui détestent la violence, qui condamnent la force, toutes les fois qu'elle n'est pas au service du droit. Je crois qu'une nation se régénère par les mœurs et non par le sang. Si elle était assez malheureuse pour tomber sous le joug d'un despote, ce n'est pas le fer d'un assassin qui briserait sa chaîne. Les gouvernements périssent par leurs propres fautes, et Dieu, qui compte leurs heures dans les secrets de sa sagesse, sait préparer à ceux qui méconnaissent ses éternelles lois des catastrophes imprévues, bien autrement terribles que l'explosion d'une machine de mort, imaginée par des conspirateurs. »

J. Favre lisait-il déjà dans l'avenir la chute de l'empire, et lui présageait-il, douze ans à l'avance, le désastre de Sedan?...

Il ne veut qu'expliquer, sans l'excuser, le coupable entraînement auquel Orsini n'a pu résister. Ce n'est ni dans la convoitise, ni dans la haine, ni dans l'ambition, mais dans le seul désir d'affranchir sa patrie, qu'il faut chercher le mobile de son crime, et il en trouve la preuve dans l'unité d'une vie consacrée à combattre partout, à Rome, à Turin, à Londres, à Vienne, en Suisse et en France, en faveur de l'Italie, l'absolutisme papal et le despotisme autrichien.

Il termine par ces mots adressés aux jurés :

« J'ai fini, messieurs, ma tâche est terminée. Vous n'avez pas besoin des adjurations de M. le procureur général pour faire votre devoir, sans passion, comme sans faiblesse. Mais Dieu qui nous jugera tous, Dieu devant qui tous les grands de ce monde, dépouillés du cortège de leurs courtisans et de leurs flatteurs, apparaissent tels qu'ils sont, Dieu qui seul mesure l'étendue de nos fautes, la force des entraînements qui nous égarent, et l'expiation qui les efface, Dieu prononcera son arrêt après le vôtre, et peut-être ne refusera-t-il pas un pardon que les hommes auront cru impossible sur la terre. »

J. Favre, dans sa défense d'Orsini, avait tenu sous le charme de sa parole le Président de la Cour, M. Delangle, et le Procureur général, M. Chaix d'Est-Ange, ces deux maîtres en l'art de bien dire, qui ne lui marchandèrent pas leur admiration. Il s'était élevé à une grande hauteur ; il n'en descendit pas dans le procès des *Treize*.

Quelques citoyens, amis de la liberté, s'étaient, à la veille d'une élection partielle à Paris, réunis chez l'un des candidats, qui fut nommé député, M. Garnier-Pagès. Or, le ministère public prétendit voir dans cette réunion électorale une association illégale, et treize membres de cette réunion, que nous retrouvons aujourd'hui, sous la République, ministres, hauts fonctionnaires, députés et sénateurs, furent enveloppés dans la prévention. Ils étaient défendus par les illustrations du barreau (1). Favre, l'avocat de Garnier-Pagès, prit le premier la parole et se montra tout à la fois profond jurisconsulte et grand orateur.

Prenant corps à corps la prévention, il établit avec une force de logique irréfutable, en interrogeant tour à tour le texte et l'esprit de la loi, les motifs qui l'avaient dictée, l'interprétation qu'elle avait reçue de la jurisprudence, de la doctrine et de ses propres auteurs, la nécessité de la mettre d'accord avec les exigences d'une constitution basée sur le suffrage universel, que l'article 291 du Code pénal, corroboré par la loi de 1834, n'avait eu en vue

(1) Ces treize prévenus étaient : MM. Garnier-Pagès, Carnot, Dréo, Herold, Clamageran, Floquet, Ferry, Durier, Corbon, Jozon, Hérisson, Melsheim et Bory, et leurs défenseurs : MM. J. Favre, Marie, Grévy, E. Picard, H. Didier, Berryer, Dufaure, Senard, Desmarest, E. Arago et Hébert.
La prévention était soutenue par M. l'avocat impérial Mahler; elle le fut à la Cour par le procureur général en personne, M. Chabanacy de Marnas.

que les clubs et les sociétés secrètes, jamais les comités électoraux, les associations, jamais les simples réunions.

La logique n'exclut pas l'éloquence, et Favre sut les marier dans cette occasion.

Rencontrant, dans sa réfutation du réquisitoire de l'avocat impérial, une attaque aux hommes de la Révolution de 1848 — n'était-ce pas alors un lieu commun dans les discours de MM. du parquet? — il s'arrête un instant, avant de la relever, puis, regardant son adversaire :

« La Révolution de 1848 éclate, reprend-il... Assurément, depuis, on a dirigé bien des reproches contre les hommes qui, à cette époque, ont risqué leur vie et qui ont accepté le fardeau du pouvoir. Ces reproches, j'entendais à l'audience d'hier M. l'avocat impérial les renouveler d'un ton dédaigneux et avec un grand courage. Oui! ils ont accepté ce fardeau pour eux, que dis-je? Ils l'ont pris. Personne ne les a nommés, dit M. l'avocat impérial. Oh! cela est vrai; mais si personne ne les a nommés, tout le monde les a acclamés, et devant eux ils n'ont rencontré que des fronts qui s'inclinaient dans la poussière.

« Voilà, Messieurs, ce que j'ai vu, et je n'aurais pas besoin de faire beaucoup de chemin pour trouver devant moi des traces de ce que je raconte.

« Ces hommes! ils ont pris sur eux de paraître au milieu de cette tempête, d'y saisir les pouvoirs qui y étaient désertés, d'opposer leurs poitrines à tous les envahisseurs de la sécurité publique, à ceux qui, perdus par de détestables erreurs, rêvaient, non pas des crimes, mais des utopies impossibles, qui, en une nuit de délire, auraient pu plonger la France entière dans les ténèbres. Ils sont demeurés debout, sacrifiant leur avenir, et sachant à merveille qu'un jour ils seraient le point de mire des calomnies officielles de tous ces hommes à la suite, qui, esclaves de la fortune, cherchent à jeter la boue sur ceux qu'ils ont encensés, quand ils étaient au pouvoir.

« Mais peu importe, ils ont pour eux leurs consciences, ils auront aussi l'histoire, ils auront surtout le témoignage de tous les honnêtes gens. »

A ces mots, les applaudissements d'éclater de toutes parts, que de vains efforts tentent de comprimer. L'orateur, jetant un regard sur ses confrères assis au banc de la défense, et qui, presque tous, étaient des hommes de 1848, termine ainsi :

« Quand je vois à côté de moi tous ceux qui m'entourent et qui me fortifient; quand je songe que, lorsque ma voix ne se fera plus entendre, elle sera remplacée par celle de mes maîtres; quand je vois Berryer, mon vieil ami, qui n'a pas été seulement le plus grand des orateurs, mais aussi le plus noble cœur et l'amant passionné et persévérant de la liberté, qui couronne son illustre vieillesse; quand je vois Marie, qui a servi son pays avec le désintéressement et la pureté que tout le monde a admirés; et Sénard, le courageux président de l'Assemblée nationale, qui a opposé sa poitrine aux coups des agitateurs; et ces ministres de l'ancienne monarchie, M. Dufaure, M. Hébert, qui ont cherché dans la mesure de leurs forces, si puissantes, à faire triompher des principes qui sont aujourd'hui obscurcis et niés, et toute cette jeune génération qui me presse, qui est mon espérance, qui est mon amour, ah! je ne dis pas seulement que cette cause triomphera, — ce n'est là qu'un bien petit accident dans notre vie politique, — je dis que la liberté est impérissable; elle a de trop illustres champions, de trop nobles défenseurs, et nous pouvons considérer d'un œil serein le nuage qui passe..... le soleil n'en sera pas obscurci! »

Les applaudissements de recommencer plus vifs et plus nombreux. « Il n'y a plus de prévention, s'écrie Berryer, à quoi sert de plaider désormais! » Prévenus et avocats d'un commun accord, — et quels avocats! — déclarent renoncer à la parole, et leur doyen, leur ancien bâtonnier, le plus éloquent d'entre eux, Berryer, fait connaître en ces termes au Tribunal leur détermination :

« M. le président, pendant que le Tribunal a suspendu son audience, sans céder à de profondes et vives émotions, sans obéir à des entraînements que l'admiration fait naître, après la magnifique harangue que vous avez entendue, après cette plaidoirie si complète, les prévenus tous ensemble, et tous ceux de mes honorables confrères qui s'étaient associés à la défense, ne pensent pas qu'il y ait rien à ajouter.

« Nous ne trouvons dans notre intelligence et dans notre cœur, rien qui soit nécessaire, rien qui puisse être produit, *rien qui atteigne à la vérité, à la grandeur, à la noblesse des raisons qui viennent de vous être présentées.*

« Élevés dans le respect de la magistrature, nous renonçons à prolonger la défense, convaincus, que nous sommes, qu'après de telles paroles, après de telles démonstrations, après de telles vérités historiques, il n'y a pas un juge en France qui puisse prononcer une condamnation contre les hommes assis sur ces bancs. »

Berryer était encore sous le coup de ces impressions des premiers débats, quand, plaidant à son tour devant la Cour, et abordant la prévention, il rappelait « que l'éloquent J. Favre l'avait déjà combattue et avait revendiqué avec une si grande élévation de pensées, un si noble langage, une si splendide clarté de discussion, les principes fondamentaux de notre droit. »

J. Favre, par vingt-cinq ans de travaux, de luttes et de triomphes, avait bien mérité la plus haute dignité de l'Ordre ; il en fut revêtu et nommé Bâtonnier.

Les deux discours qu'il prononça à la rentrée des conférences, 1860-1861, sont un hommage aux qualités qui distinguent le véritable avocat, et l'éloge d'une profession dont la grandeur se justifie par son origine, son essence et son but ; ce sont de belles pages, que les stagiaires ne sauraient trop relire, et qui doivent être précieusement conservées dans les archives de l'Ordre.

C'est sous son bâtonnat, et sur son initiative, que fut décidée la fête des noces d'or de Berryer, à laquelle s'associèrent tous les barreaux de France. Pas un avocat n'a oublié l'enthousiasme qui accueillit le toast de Favre « à l'avocat demeuré fidèle à sa profession, et qui avait jeté sur sa robe le double éclat de son génie oratoire et de sa mâle indépendance, au vétéran du droit et de la défense ! »

Si un désaccord a pu se faire, entre les juges du bien dire, sur les qualités distinctives du talent de J. Favre, aucun ne s'est produit sur le talent lui-même. Favre a été le « *vir probus, dicendi peritus.* » Honnête, généreux, désintéressé, il a été « un grand, un merveilleux artiste en paroles, un illustre improvisateur, disciple des grands rhéteurs d'autrefois, et dont l'art rappelle les merveilles de l'art antique (1). » Nul n'a manié avec plus d'éclat et de fécondité la langue oratoire. « S'agit-il de l'art de la parole, dit l'auteur du *Barreau au dix-neuvième siècle*, M. Pinard, il est un homme qu'il faut nommer, et à côté duquel personne ne peut être placé. Je ne crois pas qu'à aucune époque, le barreau ait offert un semblable modèle de l'*indus-*

(1) M. O. Pinard, *le Barreau au dix-neuvième siècle.*

trie du langage, perfectionnée au point où elle l'est dans la bouche de M. J. Favre. Toutes les finesses, les délicatesses, les hardiesses de style, y sont animées par le mouvement du discours. »

Cette « industrie du langage », qui rappelait probablement au souvenir de M. Pinard, les *operarios lingua celeri et exercitata,* de Cicéron, les ouvriers à la parole prompte et exercée, à quelque perfection qu'elle atteigne, est-elle vraiment l'éloquence? N'appartient-elle pas au rhéteur plus qu'à l'orateur, n'est-elle pas enseignée à l'école d'Isocrate plus qu'à celle de Démosthène ?

« Nul discours, disait J. Favre, ne saurait se passer de préparation et d'étude, et c'est une suprême irrévérence vis-à-vis des auditeurs, en même temps qu'une dangereuse témérité, que de se fier aux hasards de l'improvisation.

« Les grands maîtres ont religieusement évité cette faute (1). »

Aussi, ne l'a-t-il jamais commise. Il travaillait beaucoup, étudiait tous ses procès, sans distinction entre les petits et les grands, les plaidait tous avec le même soin, et se présentait à la barre toujours bien armé. Ses notes d'audience étaient abondantes et détaillées ; si complètes, qu'un avocat d'un talent ordinaire aurait pu, avec elles, répéter la plaidoirie du maître. Tout y était écrit, jusqu'au trait qu'il lançait à son adversaire ou au compliment qu'il lui adressait.

Malgré ces soins et ces préparations, J. Favre n'était pas ce que le Palais appelle un gagneur de procès, ne les choisissant pas avec assez de sévérité. Attribuerons-nous ses fréquents insuccès à trop de confiance dans un talent qui se jouait des obstacles et des difficultés, ou à une bienveillance naturelle, à un sentiment de bonté, qui ne savaient pas résister aux sollicitations d'un client, surtout s'il était pauvre ou malheureux ?

Il était un grand oseur, ne reculant devant aucune audace, et cependant il ne négligeait jamais les précautions oratoires, les atténuations de langage, et nous l'avons vu, dans un même

(1) Discours du Bâtonnat de 1861.

discours, réclamer jusqu'à trois et quatre fois, — pure coquetterie, — l'indulgence de ses auditeurs.

N'a-t-il pas quelquefois trop sacrifié le fond à la forme? Ce n'est pas lui qui aurait dit :

« . . . . . *Eloquio victi, re vincimus ipsa.* »

Partout il a recommandé « le respect de la forme. » Ici, il écrit : « La beauté de la forme attirera toujours par d'irrésistibles enchantements; » ailleurs : « N'oublions pas « la puissance décisive qu'une forme incomparable prête aux manifestations de la pensée. » N'en a-t-il pas été trop l'esclave? Nous ne nous sommes pas trop étonné, quand il nous a avoué, qu'au début de sa carrière, il avait écrit jusqu'à cinq et six fois le même plaidoyer.

J. Favre avait l'élévation, l'éclat, la richesse, la poésie du langage ; la parole du démocrate était patricienne, faite de distinction et d'étude ; ce qui lui a manqué, c'est la simplicité, la sobriété, cette *amicissima brevitas* recommandée en théorie par Cicéron, qui en a si peu usé lui-même en pratique ; c'est la chaleur et la passion. Or, « tout le secret de l'art oratoire, suivant Mirabeau, c'est d'être passionné. » Les auditeurs de Favre émerveillés répétaient bien : « C'est beau ! c'est admirable ! » Pas un, peut-être, ému, entraîné, ne s'est écrié : Il a raison !!... »

Tel fut J. Favre avocat ; tel nous l'avons vu trente ans au Palais. Voyons-le maintenant homme politique et homme gouvernemental, et suivons-le aux assemblées.

2° J. Favre à la Chambre.

J. Favre avait le culte de sa profession, et c'était du fond du cœur, qu'un mois à peine avant sa mort, il parlait à la Conférence des stagiaires, qu'il présidait pour la dernière fois, « du tendre attachement qui l'unissait à l'Ordre depuis près d'un demi-siècle, et qui ne finirait qu'avec son dernier jour. »

Qui pouvait alors craindre, hélas! que ce jour dût être si rapproché!...

Mais l'amour du droit n'avait pas étouffé chez l'avocat le désir de vivre de la vie politique. N'est-ce pas lui, d'ailleurs, qui avait écrit que « c'était dans le sein du barreau que s'étaient recrutés, dans tous les temps, les généreux athlètes de la liberté, et que la semence n'en était pas épuisée? »

La Révolution de 1848 vint donner satisfaction à ses aspirations. Ledru-Rollin, nommé ministre de l'intérieur, l'appela près de lui, comme secrétaire général. C'est en cette qualité qu'il adressa aux Commissaires de la République dans les départements ces circulaires qui lui ont été souvent reprochées, dans lesquelles il reconnaissait à ces agents des pouvoirs illimités.

J. Favre n'était pas fait pour un rôle secondaire, il lui fallait le premier, ni pour l'obscurité d'un bureau, il lui fallait le grand jour de la Tribune. Le département de la Loire lui en facilita l'accès, en l'envoyant, comme son mandataire, à la Constituante.

Il ne fit que passer, comme secrétaire général au Ministère des affaires étrangères, avec M. Bastide, du *National*.

A la Chambre, il se plaça tout d'abord au premier rang des orateurs, en prenant part à toutes les discussions de quelque importance. Ce fut lui qui, après les événements du 15 mai, fut choisi comme rapporteur de la commission nommée pour examiner la demande en autorisation de poursuites contre L. Blanc. Son rapport concluait à l'autorisation; il le soutint énergiquement, et, pour le faire rejeter, il ne fallut rien moins que l'intervention du Garde des sceaux, M. Crémieux, qui se trouva — chose étrange! — en opposition avec son Procureur général, son Procureur de la République et la Commission de la Chambre. L'auteur de l'*Histoire de dix ans* ne s'est-il pas, dans son livre, souvenu de ce rapport, et n'en a-t-il pas gardé un peu de rancune à son collègue?

J. Favre était encore trop nouveau député, trop récemment

entré dans la vie publique, pour avoir des opinions arrêtées sur toutes les questions, et marcher avec sûreté sur le terrain de la politique. Aussi, dans cette première session, vota-t-il tantôt avec la droite, tantôt avec la gauche, le plus souvent, toutefois, avec celle-ci.

Il vota, avec la droite, les lois contre les attroupements, contre les clubs, contre les incompatibilités ; avec la droite, il repoussa le fameux amendement Grévy, qui a fait la fortune politique de son auteur, et dont M. le Président de la République, homme logique avant tout, semble vouloir aujourd'hui démontrer l'efficacité pratique (1).

Il vota, avec la gauche, contre le rétablissement du cautionnement des journaux ; en faveur de l'impôt progressif ; pour l'abolition de la peine de mort.

Il s'abstint de s'associer à la reconnaissance de l'Assemblée et au vote qui, après la défaite de l'insurrection de Juin, déclarait que le général Cavaignac avait bien mérité de la patrie. Il appuya l'admission à la Chambre du citoyen Louis-Napoléon Bonaparte.

Ce sont là deux votes qu'il a dû plus d'une fois regretter, et que sa raison plus mûre lui a certainement reprochés. Regrets et reproches, du reste, n'ont pas été tardifs ; à peine l'élection du 10 décembre eut-elle appelé le prince Louis-Napoléon au pouvoir, que J. Favre, revenu sans partage à la démocratie, attaqua la politique du nouveau Président. L'un de ses meilleurs discours à cette époque fut celui par lequel il combattit, sans succès, la proposition Rateau qui, acceptée, entraîna la dissolution de la Chambre.

Aux élections de 1849, qui en étaient la conséquence, il ne fut pas réélu dans la Loire, mais il fut nommé dans le Rhône, et cette nomination le flatta d'autant plus, qu'elle émanait du libre suffrage de ses concitoyens.

Le talent et l'influence du député de Lyon étaient si bien

(1) J. Favre n'était pas à la Chambre au moment du scrutin, mais il déclara le lendemain par une lettre au *Moniteur*, que s'il avait été présent, il aurait voté contre l'amendement.

acceptés de tous, qu'il devint, sans conteste, après la disparition de Ledru-Rollin, l'orateur et le chef de la gauche.

Il parla avec force et énergie en faveur de la liberté de la presse et du droit de réunion ; contre l'expédition de Rome, détournée de son but, et, enfin, il s'associa à la proposition de mise en accusation du Président et de son ministère.

A cette proposition légale, le prince Louis-Napoléon, qui depuis longtemps le préparait en silence, répondit par le coup de force illégal du Deux-Décembre.

Si ce coup d'Etat n'échoua pas, si force ne resta pas à la loi, ce ne fut pas la faute de J. Favre. Il n'était pas, avec Berryer, Grévy, Dufaure et Barrot, à la mairie du dixième arrondissement, mais il était avec Michel (de Bourges), V. Hugo, E. Arago, Schœlcher, Th. Bac, Madier de Montjau et Carnot, cherchant à organiser la résistance, et traqué de quartier en quartier, de maison en maison.

Chassé par la police de celle de M. Grévy, il en sortit bras dessus bras dessous avec V. Hugo, et, comme le froid redoublait à l'approche de la nuit, il crut devoir prendre ses précautions contre la rigueur de la température. « Toujours intrépide et souriant, raconte l'auteur de l'*Histoire d'un crime*, J. Favre se noua un foulard sur la bouche et me dit : *Je veux bien être fusillé, mais je ne veux pas m'enrhumer.* »

Pendant les jours qui suivirent le Deux-Décembre, il assista à toutes les réunions des représentants de la gauche restés libres, et ce fut lui qui, avec V. Hugo, écrivit ou dicta les appels au peuple et à l'armée, les décrets de déchéance et de mise en accusation de Louis-Napoléon, et les dernières protestations du droit et de la liberté expirante.

A un ami qui, quelques années après, rappelait à V. Hugo, sur la terre d'exil, ces événements de 1851, et y mêlait le nom de J. Favre : « Je me rappelle, répondit le poète, qu'un jour, au lendemain du Deux-Décembre, lorsque quelques hommes réunis cherchaient les moyens de résister à l'attentat, J. Favre était debout au milieu de ceux-là. Nous l'écoutions, et il exhortait chacun au devoir. Chaque fois que la porte de notre asile s'ouvrait, nous nous regardions tous un peu pâles, mais tous souriants, car c'était la mort qui pouvait entrer. Et J. Favre continuait à parler et à célébrer la République mourante alors, mais immortelle, dans son magnifique langage. Plus tard, lorsque le pays se réveilla, ce fut la même voix de J. Favre qui célébra cette diane heureuse.

« Ce sont là des choses, ajoutait V. Hugo, que les nations n'oublient pas, ne doivent jamais oublier (1). »

Rendu à la vie privée, J. Favre se renferma dans l'exercice de sa profession, et le Palais de Justice accueillit l'exilé du palais Bourbon. Mais cet exil ne fut pas de longue durée ; les électeurs de Paris le rappelèrent en 1858 à la vie publique.

Ce fut alors que se constitua ce groupe des *Cinq*, qui suppléa au nombre par le courage, et au sein duquel la liberté trouva le seul asile que lui laissât la Chambre impérialiste. Ce fut alors que fut habilement menée cette campagne dans laquelle les Cinq s'étaient partagé les rôles : J. Favre, leur chef, « se chargeait des développements généraux, de l'exposé des questions, Picard des attaques d'avant-garde et E. Ollivier des combats d'arrière-garde ; M. Darimon lisait des discours substantiels sur les finances, et M. Hénon intervenait dans quelques débats spéciaux (2). » Cette intrépide phalange traversa, sans être entamée, cinq sessions ; harcelant sans cesse l'ennemi ; luttant contre les violences de la majorité ; attaquant dès le principe l'expéditon du Mexique, « cette grande pensée du règne, » et en signalant les dangers ; revendiquant pour Paris les franchises municipales, et faisant entendre, quand elle ne pouvait rien de plus, des protestations qui n'arrivaient aux oreilles du peuple qu'affaiblies par l'écho officiel (3).

(1) V. Hugo, *Histoire d'un crime*. — Cf. J. Favre, *Portraits contemporains*.

(2) M. E. Olivier, *le 19 Janvier*.

(3) Répondant à J. Favre, M. Rouher ne craignait pas d'affirmer que la guerre du Mexique était la plus grande pensée du règne. Nous serions curieux de savoir si l'ex-vice-Empereur a persisté dans cette opinion.

N'est-ce pas la guerre du Mexique qui a laissé faire Sadowa ; permis l'absorption

Paris et Lyon tinrent compte à J. Favre de ses efforts et de cette lutte de cinq ans, en le maintenant à l'Assemblée.

Dans cette session, presque la dernière avant la chute de l'Empire, le talent de J. Favre se fortifia, grandit et atteignit son apogée. Parmi ses nombreux discours, dignes pour la plupart d'être reproduits, il en est deux remarquables entre tous, ce sont ceux sur la question romaine et sur la question allemande.

Dans le premier, il s'attache à montrer « la séparation profonde qui doit exister entre le pouvoir spirituel et le pouvoir temporel », se déclarant partisan de l'un, adversaire de l'autre. Après avoir tenu l'attention de l'auditoire captive pendant plus d'une heure :

« Ah! dit-il en terminant, il y a des vérités morales sur lesquelles tous nous devons être d'accord, et lorsque, dans la séance d'hier, notre honorable collègue, M. Chesnelong, s'élevait contre le matérialisme, il trouvait dans nos cœurs un écho qui est facile à justifier. Oui! ces doctrines qui dessèchent l'âme, qui réduisent l'homme à se contenter de satisfactions matérielles, qui le poussent à chercher son bonheur dans un intérêt périssable, au lieu de l'engager à le placer dans le devoir, dans le dévouement et dans le sacrifice ; ces doctrines, elles sont détestables, elles doivent être condamnées! Mais savez-vous quelle en est l'origine ? C'est précisément la servitude et l'abaissement des âmes.

« Et, en vérité, vous semblez tomber dans une contradiction singulière, quand, après avoir ainsi justement flétri le matérialisme, vous lui faites appel pour vous défendre, et ne comprenez le pouvoir spirituel régnant sur les âmes qu'à la condition qu'il ait à côté de lui le glaive pour frapper les corps.

« Souvenez-vous encore, Messieurs, des enseignements de l'histoire, enseignements qui sont là pour nous éclairer. Oui, autrefois, à Rome, existait une civilisation puissante qu'illustraient des penseurs, des poètes et des philosophes, que nous ne pouvons plus égaler. Toutes ces lumières, elles ont disparu avec la liberté! Et quand le dernier citoyen de Rome a été proscrit, ce peuple qui avait vaincu le monde entier, il a

par la Prusse de la Confédération germanique et l'unification de l'Allemagne ; préparé la guerre et les désastres de 1870?

Prenant, à Saint-Cloud, congé de l'empereur, partant pour cette guerre, M. Rouher, toujours bon courtisan et mauvais prophète, lui disait encore, en lui parlant *de son génie :* « Sire, grâce à vos soins, la France *est prête* et l'heure de la victoire est proche! »

été vaincu par sa propre lâcheté; il s'est affaissé sous le poids de ses vices, il a roulé avec ses maîtres dans la fange du despotisme. Alors, d'où est venue la régénération? Elle est venue d'un Dieu qui était né pauvre dans une crèche, de douze pêcheurs qui ont enseigné sa doctrine, qui n'avaient pour eux ni capital, ni armée, ni flotte, ni puissance matérielle, qui n'avaient pour eux que le rayonnement de leur âme et de la vérité.

« Le christianisme, Messieurs, soyez-en sûrs, entre dans sa phase philosophique, il se fortifie par les lumières de la science. Au lieu de lui barrer le chemin du siècle, ouvrez-le-lui largement; que le siècle et lui fassent ensemble un pacte d'alliance, qu'ils se réconcilient l'un avec l'autre : le siècle profitera de la puissance du christianisme, et le christianisme profitera de la puissance matérielle du siècle, en l'élevant jusqu'à lui. »

Dans la question allemande, la sagacité de J. Favre, pénétrant l'avenir, dénonça à son pays les projets ambitieux de la Prusse, et poussa un cri d'alarme qui malheureusement ne fut pas entendu.

N'était-ce pas avertir la France que de lui dire à la tribune, dès 1866 :

« Qui peut contester que nous sommes en face d'une puissance ambitieuse, dont les secrets desseins soient de dominer un jour l'Allemagne entière ? Elle se recommande à l'Europe par des qualités exceptionnelles. Sa population est brave, industrieuse ; elle a des vertus civiques qui sont loin d'être à dédaigner. Mais, en même temps, au fond du cœur de chacun de ses concitoyens, couve un secret sentiment qui s'y est développé avec le culte de la patrie, avec les souvenirs historiques, et qui le pousse forcément vers la conquête. Un jour peut-être cette nation sera appelée, non plus seulement dans les conseils, mais sur les champs de bataille, à devenir notre rivale.

« Souffrir, sans s'y opposer, son téméraire agrandissement, ce serait une faute énorme que la France ne doit pas commettre. Je disais que telle est la tendance de la Prusse, et qu'il pouvait arriver qu'un jour, elle eût sous la main 80 millions d'hommes à nous opposer.

« Est-ce que la Prusse en fait mystère? Est-ce que ce ne sont pas là les traditions que l'on rencontre dans tous les documents de sa diplomatie et de son histoire? Mais, vous le savez, Messieurs, le fondateur de cette monarchie l'a lui-même annoncé : il a montré d'une main ferme la route par laquelle on pouvait parvenir à la suprématie allemande, et vous ne l'ignorez pas, il était peu scrupuleux dans l'emploi de ses moyens. »

Après avoir montré la politique prussienne au temps du grand Frédéric, l'orateur la montre encore la même aujourd'hui, avec le roi Guillaume et son grand chancelier.

« Eh bien, continue-t-il, il faut le dire, ni ces principes, ni ces procédés ne sont oubliés en Prusse. L'école a encore des disciples et des imitateurs, et, sans vouloir prononcer dans cette enceinte aucune parole indiscrète contre un homme d'État qui est à la tête des affaires de ce pays, qu'il me soit permis de dire de lui cependant qu'il a hérité et de l'audace de ce maître et en même temps de son dédain des hommes, de son mépris des lois constitutionnelles qui régissent son pays. »

M. de Bismarck se serait-il souvenu de ces paroles dans l'entrevue de Ferrières, et aurait-il voulu retrouver dans le diplomate de 1870 l'orateur de 1866 ?

Aux élections de 1869, la démocratie, souvent injuste et ingrate, réserva ses faveurs pour Raspail à Lyon, pour Rochefort à Paris, et ce fut à grand'peine que J. Favre l'emporta sur ce dernier, à un scrutin de ballottage.

Il ne se blessa pas de ce jugement du suffrage universel et resta, comme avant, l'intrépide champion de la liberté. Comme avant, il combattit, sans se lasser, la politique intérieure et extérieure du gouvernement ; s'éleva avec force contre la guerre du Mexique et l'occupation de Rome. La guerre avec la Prusse ne trouva dans la Chambre aucun adversaire plus déterminé et plus infatigable, si ce n'est peut-être M. Thiers.

Quand vinrent nos désastres, J. Favre n'hésita pas, rejetant sur l'Empire la responsabilité des malheurs de la France, à demander au Corps Législatif « la déchéance de Louis-Napoléon Bonaparte et de sa famille, et la nomination d'une commission de gouvernement, ayant pour mission expresse de résister à outrance à l'invasion, et de chasser l'ennemi du territoire. » Le soir de cette proposition, le Corps législatif était dispersé, l'Empire tombé, et la République proclamée.

J. Favre devenait le vice-président du gouvernement de la Défense nationale, et ministre des affaires étrangères. Le peuple « le mettait, comme tous les membres du gouvernement de la

Défense, non au pouvoir, mais au péril, et le chargeait d'une immense responsabilité (1). » Il fallait autant de courage que de patriotisme et d'abnégation pour accepter dans les circonstances présentes une pareille mission et une aussi lourde charge.

La nature avait créé J. Favre artiste, orateur, mais elle n'en avait point fait un homme d'État. Aussi, quand il va se trouver en contact avec les finesses et les ruses de la diplomatie, son honnêteté inexpérimentée chancellera-t-elle quelquefois, commettra-t-elle peut-être quelque faute, méritera-t-elle peut-être plus d'un reproche, que ne lui épargnera pas l'ingratitude des partis. Les tristesses, les humiliations, les dégoûts de l'homme d'État lui feront payer cher les triomphes du tribun ; les partisans de l'Empire et de la Légitimité se ligueront avec les amis de la Commune pour l'attaquer ; il sera injurié, calomnié, sa vie publique outragée, sa vie privée n'aura plus ni intimité ni secrets...

L'un des premiers actes du fonctionnaire fut cette circulaire qui refusait à l'ennemi « un pouce de notre territoire, une pierre de nos forteresses. » De cette phrase, que pourra blâmer la réserve du diplomate, et qu'on lui a tant reprochée, je serais bien tenté de lui faire un titre d'honneur. N'était-elle pas en effet le cri irrité du citoyen, du patriote, en face de l'invasion, avec ses meurtres, ses cruautés et ses actes de sauvagerie ? N'était-elle pas alors l'écho de la France entière ?

Vainqueurs à Sedan, les Prussiens marchaient sur Paris et leur quartier général était déjà à Versailles. « Nous ne faisons pas la guerre à la France, avait dit leur vieux roi, mais à l'Empereur et à sa dynastie. » Sur la foi de cette parole, l'Empereur une fois tombé, la France et l'Allemagne devaient s'entendre sans peine ; il semblait facile d'arriver à un armistice, puis à la paix, et d'épargner ainsi à la grande ville les misères d'un siège et les désastres d'un bombardement.

J. Favre l'avait espéré, et c'est dans ce but qu'il demanda à M. de Bismarck une entrevue. Elle eut lieu à Ferrières, et, après trois jours de débats, le ministre rentrait à Paris, et fai-

(1) Adresse du gouvernement de la Défense à la nation.

sait aux membres du gouvernement le douloureux récit de son voyage : « Il était allé chercher la paix, et il n'avait rencontré qu'une volonté inflexible de conquête et de guerre. » Il fallait donc, ou passer sous les fourches caudines du vainqueur, ou accepter la lutte à outrance. Paris n'hésita pas, et aux exigences du chancelier allemand il répondit par l'héroïsme d'un siège de cinq mois.

Durant ces cinq mois, le gouvernement de la Défense eut à combattre les ennemis du dehors et les ennemis du dedans, l'invasion et l'émeute. J. Favre le fit sans défaillance et sans faiblesse : il fut toujours « l'homme courageux, admirable de simplicité et de force, inépuisable en ressources (1), » l'homme dont le sang-froid et l'intrépidité ne se démentirent jamais, même en présence des insurrections menaçantes d'octobre 1870 et de janvier 1871, même en face des sabres levés sur sa tête, des fusils dirigés contre sa poitrine.

Lorsque la famine vint mettre un terme à la résistance de Paris, une dernière douleur, la plus poignante de toutes, était encore réservée à J. Favre. Il l'accepta avec résignation : « Je ne me plaindrai pas, avait-il dit, s'il m'est donné d'être humilié, de souffrir et de mourir pour racheter Paris, ou diminuer son épreuve (2). » Cette douleur, qu'il partagea avec M. Thiers, fut celle d'apposer sa signature au traité qui enlevait à la France deux provinces, et de subir d'humiliantes conditions, « auxquelles Paris n'aurait jamais consenti aussi longtemps qu'il lui serait resté du pain à manger et du fer pour se défendre (3). »

Dès que l'Assemblée nationale, réunie à Bordeaux, eut nommé M. Thiers chef du pouvoir exécutif, J. Favre, bien que choisi comme représentant par six départements, voulut remettre entre les mains de ce dernier son portefeuille ministériel. M. Thiers le refusa. Il aimait J. Favre, appréciait son caractère et son talent, savait quels services il avait rendus, et pouvait rendre encore ; il fit appel à son concours. Favre céda ; il resta le col-

(1) V. Hugo, *Histoire d'un crime*.

(2-3) J. Favre, *le Gouvernement de la Défense nationale*. « En signant le traité, disait de son côté M. Thiers, je me suis imposé une des plus cruelles douleurs de ma vie. »

laborateur, « le compagnon de martyre de M. Thiers (1) », mais aussitôt que le traité de paix eut été signé, il se hâta, malgré toutes les résistances, de quitter le pouvoir (2).

Rentré dans sa retraite, Favre semblait vouloir s'y faire oublier ; fatigué, il y cherchait le repos ; méconnu, le silence. Ce fut à peine si de loin en loin il reparut au Palais, à la tribune de l'Assemblée législative et du Sénat, où l'avaient appelé les électeurs du Rhône, en 1876, et il écrivit l'*Histoire du gouvernement de la défense nationale.* Les trois volumes qui la racontent sont une œuvre historique et littéraire d'un puissant intérêt, qui fait connaître les hommes et les choses de l'époque. Malheur à l'écrivain qui, sans les avoir lus, voudrait porter un jugement sur les événements du temps et sur les hommes qui s'y sont trouvés mêlés !

3° J. Favre à l'Académie.

La parole, comme la plume, le discours, comme le livre, peuvent assurer à l'orateur, comme à l'écrivain, un fauteuil à l'Académie. Patru, Louis Giry, Barbier d'Aucour et Target y avaient siégé, MM. Berryer, Dupin et Dufaure y siégeaient encore ; or, par la pureté du style, la correction du langage, l'ampleur de la phrase, la perfection de la forme, nul n'avait plus de droit de s'y asseoir que J. Favre, « le plus orateur de nos hommes de lettres et le plus littéraire de nos orateurs ».

Il rêvait donc, comme couronnement de sa carrière oratoire, une place à l'Académie, et l'Académie, de son côté, songeait à

(1) J. Simon, *le Gouvernement de M. Thiers.*

(2) « Je n'avais accepté qu'avec la plus vive résistance le portefeuille que M. Thiers avait bien voulu laisser entre mes mains, le 20 février 1871. La pensée du cruel sacrifice qu'il fallait consommer, en négociant et en signant la paix, avait été la seule considération qui m'avait déterminé. Je ne me croyais pas le droit de refuser mon concours au grand patriote qui me le demandait.

« Après le traité de Francfort, j'étais délié, je pouvais reprendre ma liberté. Je déposai ma démission le 22 juillet 1871. L'incomparable bonté avec laquelle M. Thiers insista pour me la faire reprendre, aurait augmenté, s'il eût été possible, l'affection et la reconnaissance que je lui avais depuis longtemps vouées. Ma résolution était inébranlable. Je rentrai avec joie dans la vie privée. » (J. Favre, *Gouvernement de la Défense nationale.*)

la lui donner. Dès 1862, à l'occasion des *Prochaines élections académiques*, Sainte-Beuve, en quête de candidats, s'arrêtait au Palais. « Cherchons au barreau, disait-il, et puisque M. Chaix-d'Est-Ange n'y est plus, puisque nous avons et possédons parmi nous ces deux puissances et ces deux gloires de l'Ordre, M. Dupin et M. Berryer, c'est-à-dire, le sens commun mordant et original, et le pathétique vaste et émouvant, puisque M. Dufaure, malgré son mérite incontesté, est décidément par trop juridique, nous ne pouvons éviter M. J. Favre, et nous ne l'évitons pas. Il est de bonne prise. » L'Académie, toutefois, ne le prit que cinq ans plus tard, à la mort de M. Cousin, et lorsque M. Dufaure, pas trop juridique cette fois, y avait été admis (1).

Quels étaient alors ses titres à l'honneur qu'elle lui faisait? Il était assurément trop modeste, quand il disait qu'il n'en avait d'autres « que d'avoir toujours ardemment aimé les lettres, et poussé aussi loin qu'il lui était possible le sentiment de leur grandeur ». Il pouvait invoquer ses services dans la presse et sa collaboration au *Précurseur*, au *Mouvement* et à l'*Électeur*; la publication d'un petit volume, *Anathème*, imité des *Paroles d'un croyant*, de Lamennais; de quelques brochures : *de la Liberté de la presse; de la Coalition des chefs d'atelier de Lyon*, et de plusieurs *Plaidoyers;* un livre contenant la *Défense* d'Orsini, véritable chef-d'œuvre oratoire, quatre de ses meilleurs discours au Corps législatif, et ses *Discours du Bâtonnat,* bréviaire des jeunes avocats, manuel du monde judiciaire. Regrettons qu'il n'ait pu ajouter à ces titres *Rome et la République française*, et *le Gouvernement de la Défense nationale*, qui n'ont paru que longtemps après, nés des douloureux événements que la France a traversés.

Mais ce n'était pas l'écrivain, c'était l'orateur que l'Académie appelait dans son sein; et son directeur, M. de Rémusat, ne le laissait pas ignorer au récipiendaire, quand il lui disait : « Ce

(1) Article de M. Sainte-Beuve, *Constitutionnel* du 20 fév. 1862. Un an après cet article, au mois d'avril 1863, M. Dufaure avait été élu en remplacement de M. le chancelier Pasquier.

qui vous a ouvert les portes de l'Académie, Monsieur, c'est le talent de la parole ; c'est l'éloquence du barreau, c'est l'éloquence de la tribune. »

N'est-ce pas à ce seul titre, en effet, qu'ont été admis à l'Académie les maîtres de la tribune et du barreau? Tous les genres de talent lui appartiennent, et doivent avoir chez elle leurs représentants. « L'honneur et la vie d'un corps littéraire, disait M. Villemain, recevant M. Scribe, c'est d'attirer à soi tous les genres de renommées qui se partagent le suffrage public. Ce sont autant de formes variées qui doivent représenter la culture des arts chez une nation...

« A côté des hommes qui cultivent les lettres pour elles-mêmes, il y a ceux qui les font servir aux rapides et bruyants succès de la tribune, du barreau, du théâtre. Ces genres si divers se touchent et se réunissent ; ce mélange même est le caractère de l'Académie. Chacune de nos pertes, comme chacun de nos choix, nous en avertit. »

J. Favre devait donc être compté parmi les Quarante de par le talent oratoire et la puissance de la parole.

Sa réception fut brillante ; elle avait attiré au palais Mazarin le monde des lettres et des arts, de la politique et du Palais. Nous voyons encore le récipiendaire, avec l'épée et l'habit aux palmes vertes, entrant, entre ses deux parrains, MM. Thiers et Berryer, et se dirigeant vers le pupitre traditionnel. Il lut son discours d'une voix vibrante et accentuée, en homme accoutumé à parler en public.

L'orateur, après un éloge du barreau et de Berryer, l'analyse claire et complète des systèmes philosophiques de Cousin, n'hésita pas à dire anathème au matérialisme et à confesser sa foi spiritualiste.

« N'avons-nous pas vu, dit-il, le matérialisme reparaître avec éclat, séduire une partie de nos jeunes générations, et les entraîner vers l'athéisme, qui en est la fatale consécration ?...

« Ce Dieu, dont mon âme immortelle garde l'ineffaçable image, ce Dieu qui se révèle à ma conscience par ma raison, est un Dieu d'esprit et de vérité. »

« Serait-il vrai que cette profession de foi ne fût qu'une réponse à quelque défi, à quelque vaine sommation des démocrates matérialistes et révolutionnaires ? (1) »

Nous ne savons, mais un sifflet... sifflet honteux, à l'instant étouffé sous les bravos, vint couper la phrase de l'orateur ; J. Favre ne l'entendit probablement pas, ou feignit de ne pas l'entendre, et termina son discours au milieu des applaudissements de la salle entière.

Ce discours, malgré l'accueil qu'il reçut de l'auditoire et de la presse, nous parut, s'il nous est permis de l'avouer, quelque peu long et monotone, plus riche de mots que de choses, d'un style enflé, pompeux, chargé d'épithètes, de l'école gâtée de Rousseau. Il nous remit en mémoire ce jugement de Buffon, empreint d'exagération, et d'une vérité très contestable d'ailleurs, auquel J. Favre serait le premier à donner un démenti : « Que ceux qui écrivent comme ils parlent, quoiqu'ils parlent très bien, écrivent très mal. ».

Nous préférâmes à ce discours la réponse de M. de Rémusat, réponse spirituelle, rapide et nette, d'un style pur et simple, de l'école de Voltaire. Cette réponse, pleine de fines remarques, de piquantes anecdotes, de saines appréciations, fut le dernier discours que prononça M. de Rémusat dans une réunion publique de l'Académie. Aussi le termina-t-il par une sorte d'adieu à ses auditeurs.

« Puisse la France, dit-il, estimer toujours à son prix le noble effort d'atteindre à la vérité par la philosophie, et de la propager par l'éloquence ! Car l'une soutient la liberté, l'autre la défend. Il semble que ce vœu soit comme la moralité naturelle d'une séance où le nom de Cousin et le vôtre, Monsieur, ont été si souvent prononcés. Et, — me serat-il permis de le dire, en finissant? — celui dont la voix se fait entendre une fois encore, ne pouvait espérer un devoir plus heureux qu'un public hommage à rendre aux deux vaillantes gardiennes de la dignité humaine, la philosophie et l'éloquence. »

Douze années ne se sont pas encore écoulées depuis la solen-

(1) M. Ch. de Mazade, *Revue des Deux-Mondes* de mai 1863.

nité qui entendit ces discours, et le directeur de l'Académie, son secrétaire perpétuel, le récipiendaire et ses deux parrains ont disparu, emportés par la mort!...

Après l'élection de J. Favre, le jeune barreau voulut fêter son ancien Bâtonnier, et lui donner un dîner, auquel furent conviés quelques anciens. Tous acceptèrent, un seul excepté, qui trouva dans les hésitations de sa nature et les faiblesses de son caractère un prétexte pour s'abstenir. Ce ne fut pas Berryer, qui s'empressa de répondre à l'invitation par la lettre suivante (1) :

« Mon bon collègue et cher confrère,

« Je vous ai dit que comme avocat, comme député, comme académicien, je désire assister au banquet qui sera donné à J. Favre, dont j'admire le talent, honore le caractère et aime le cœur.

« J'ai reçu de lui depuis de longues années bien des témoignages d'affectueuse confraternité, et je veux lui donner en toute occasion la preuve que j'en suis reconnaissant. Je ne réglerai donc pas ma résolution sur l'exemple que d'autres confrères me donnent.

« On m'a dit hier que la réunion pourrait avoir lieu jeudi prochain; j'en serais fort contrarié, car, à cette fête de l'Ascension, mon petit-fils m'appelle pour assister au renouvellement de sa première communion. Comme je n'ai pas été averti d'une manière à peu près certaine, j'espère que le banquet aura lieu plus tard, et je vous prie de contenter mon désir d'y prendre place, en me faisant connaître le jour qui aura été adopté.

« Je serai peut-être ce jour-là à Paris, en tout cas je ne manquerai pas de m'y rendre. La vacance de Pentecôte serait une époque bien choisie.

« Je m'adresse à vous, mon cher confrère, pour prendre occasion de me rappeler à votre amical souvenir et vous renouveler l'assurance de ma sincère et cordiale affection. « BERRYER. »

« 28 mai 1867.

Le banquet eut lieu, auquel assistaient MM. Marie, Allou, Sénard, Grévy, Picard, Didier, F. Thomas, Albert Liouville, Laferrière et cent autres avocats, les vieux mêlés avec les jeunes, au milieu d'une cordiale confraternité, et J. Favre a répété plus

(1) Cette lettre était adressée à M. E. Picard, le collègue, le confrère et l'intime ami de M. J. Favre. Nous en devons la communication, qui sera une bonne fortune pour nos lecteurs du Palais, à l'amitié héréditaire de M. Albert Liouville.

d'une fois que ce jour-là, après celui où il avait été nommé bâtonnier de son Ordre et membre de l'Académie française, avait été l'un des plus doux souvenirs de sa vie.

Berryer s'était fait l'organe de la réunion, au milieu des convives qui s'étaient levés et groupés autour de lui. Pendant une grande demi-heure, avec un chaleureux entraînement, il glorifia le héros de la fête, recommanda à ses jeunes confrères le culte et l'amour de la liberté, et donna à Favre, non moins ému que lui, l'accolade confraternelle. Plusieurs des assistants m'ont affirmé que jamais Berryer n'avait été plus simplement et plus véritablement éloquent. Le cœur n'est-il pas en effet le foyer de l'éloquence? *Pectus est quod disertos facit* (1).

J. Favre n'avait pas tardé à se faire aimer et apprécier de ses nouveaux collègues, et c'était une joie pour lui, toutes les fois que ses devoirs de Palais et de Chambre le lui permettaient, d'assister à leurs réunions hebdomadaires. Il savait profiter de leurs entretiens, en leur apportant le tribut de ses connaissances spéciales.

Si la querelle entre les anciens et les modernes se fût renouvelée de son temps à l'Académie, il eût sans hésitation pris parti avec Boileau, contre la Motte, pour les anciens.

« Mes chers confrères, mes élèves bien-aimés, disait-il, en faisant ses adieux à ses stagiaires, à la veille des vacances de 1863, en relisant pour vous, hier, ces pages adorables de Virgile, mes yeux se mouillaient de douces larmes. »

Les pages que rappelait Favre et qu'il venait de relire avec une touchante émotion, étaient les beaux vers empruntés à l'éloge de la vie champêtre, dans le second chant des *Géorgiques* :

Rura mihi, et rigui placeant in vallibus amnes;
Flumina amem, sylvasque inglorius, etc., etc !...

(1) Berryer aimait Favre, comme l'aimait M. Thiers, comme l'aimaient V. Hugo, E. Picard, J. Simon, et tous ceux qui l'avaient connu dans l'intimité.

« M. Thiers, a dit M. J. Simon, aimait tendrement M. J. Favre, dont il appréciait plus que personne le grand talent et le grand cœur. (*Le Gouvernement de M. Thiers.*)

« Je reconnaissais à travers les âges, continuait-il, la voix du maître que nous ne saurions jamais assez écouter. Que rien ne vous soit étranger; que vous ne repoussiez point les richesses de la littérature moderne, j'y consens; mais si vous vous souvenez un peu de moi, toujours vous reviendrez aux anciens. Là est la forte substance, le miel divin, le généreux et puissant breuvage, la vraie nourriture des âmes d'élite. Je ne veux rabaisser aucun siècle, mais, à mon avis, nul n'a su rendre le beau, le vrai, l'éternel, avec la grandeur et la simplicité qui éclatent dans les œuvres que je recommande à votre étude et à votre admiration. »

A l'exhortation Favre joignait l'exemple; il ne se contentait pas de conseiller la lecture des anciens, il la pratiquait pour lui-même : Virgile, Horace, Tacite et Cicéron, feuilletés le jour, feuilletés la nuit, ne lui étaient pas moins bien connus que nos Codes et leurs meilleurs commentateurs (1). Quelquefois, dans ses loisirs champêtres, il s'essayait, à leur imitation, à des compositions littéraires, en prose et même en vers, et il me souvient d'avoir vu de lui certaines pièces qui ne manquaient ni de grâce ni de coloris.

A ses travaux du Palais et de la Chambre, J. Favre trouvait le temps d'ajouter des conférences qui attiraient la foule. Marquées au coin du bon goût et de la meilleure rhétorique, elles pourraient faire suite aux leçons de M. Villemain à la Sorbonne, et elles placèrent leur auteur au premier rang de nos conférenciers bien-disants.

Pendant trente ans j'ai rencontré presque chaque matin Favre au Palais, et il était rare que nous n'échangeassions pas un mot ou un serrement de main. En 1870, nous en fûmes éloignés, l'un et l'autre, lui, par la politique, moi, par l'âge de la retraite. Depuis 1870, c'est donc à peine si j'avais pu l'apercevoir de loin en loin; il n'abordait plus que rarement la barre et la tribune.

Le 22 décembre 1879, je ne sais quel hasard me conduisait à la bibliothèque des avocats. C'était le jour de la rentrée des Conférences, et Favre y présidait, en l'absence du bâtonnier en exercice, M. Nicolet, retenu loin de Paris par la maladie.

(1) *Nocturna versate manu, versate diurna.*

Que dix ans, ou plutôt que les événements de dix ans l'avaient changé! Sa robuste constitution accusait la fatigue et l'abattement; les désillusions, l'ingratitude des partis, les trahisons de l'amitié, les attaques et les injures dont on payait ses services, bien plus que les années, avaient courbé sa taille, blanchi ses cheveux, blêmi son visage, éteint son regard et creusé les rides de son front. Personne toutefois n'eût pu croire qu'il fût déjà touché du doigt de la mort, et cependant un mois s'était à peine écoulé qu'il avait cessé de vivre!... Quand il s'écriait au milieu de son dernier discours : « Cruel et terrible mystère que celui de notre périssable organisation! » Eprouvait-il un vague pressentiment, ou ressentait-il déjà les atteintes du mal qui l'a emporté? Je ne sais, mais cette phrase, à la nouvelle de sa maladie, est revenue plus d'une fois douloureusement à ma pensée.

Favre a conservé jusqu'au dernier jour son calme et son sang-froid; il n'a pas eu plus de défaillance en face de la mort qu'il n'en avait eu devant le coup d'Etat, l'invasion, l'émeute et l'insurrection.

Son nom est lié à de trop graves événements; il a joué un trop grand rôle dans l'histoire de son pays pour ne pas se survivre; l'éloquence et la politique ne pourront lui refuser une page ineffaçable.

Attendons maintenant de la piété filiale et de la tendresse conjugale, la publication de ses discours, qui se placeront à côté de ceux de MM. Thiers et Berryer, ses parrains et ses amis; attendons aussi l'éloge que lui doivent l'Académie et le Barreau, et que ces deux grandes Compagnies ne manqueront pas, quand l'heure en sera venue, de payer à sa mémoire (1).

(1) Cette Étude sur J. Favre était écrite quelques mois après sa mort. Des deux dettes du Palais et de l'Académie envers sa mémoire, l'une a déjà été payée, et l'autre le sera sans doute à la rentrée judiciaire de novembre prochain.

XI

A.-J.-ED. ROUSSE

1817-1880

Le lendemain de la mort de J. Favre, la triste nouvelle s'en répandait au Palais. M. Rousse était à la barre de la Cour, prêt à plaider un procès; ses premières paroles furent un tribut de regrets à l'illustre défunt. Ainsi, le premier parmi les avocats, grâce aux hasards de l'audience, à faire l'éloge de Favre, il ne se doutait pas alors qu'il aurait à le faire une seconde fois, quelques mois plus tard, au milieu de l'Académie. C'est là cependant ce qu'attend de sa confraternelle amitié le choix de la Compagnie à laquelle J. Favre a appartenu durant dix-sept ans.

Est-il nécessaire de dire que ce choix a été accueilli avec bonheur par le monde judiciaire; que tous, magistrats et avocats, y ont applaudi; qu'il a été pour le Palais une fête de famille, parce que M. Rousse y compte de nombreuses amitiés; qu'avocat et lettré, initié aux secrets de l'éloquence et de la littérature, il saura faire un juste et digne éloge de son prédécesseur, avocat et lettré comme lui; que cette élection a le mérite de renouer la chaîne des temps, un instant relâchée par les susceptibilités de Normand (1), et de faire revivre la vieille tradition qui,

(1) A. F. Normand, célèbre avocat au Parlement et rival de Cochin, « le premier de l'Ordre pour l'éloquence, dit le mémorialiste Barbier, pour les bons airs et pour être lié avec tout ce qu'il y a de grand à la ville et à la Cour », avait, à la mort de Monseigneur d'Antin, évêque de Langres, en 1736, songé à solliciter son fauteuil à l'Académie. Quelques démarches de lui et de ses amis, et notamment de Bussy de Rabutin, évêque de Luçon, avaient été bien accueillies et sa nomination paraissait assurée; mais il lui fallait visiter de sa personne les académiciens dont il sollicitait le suffrage. C'était une règle à laquelle étaient soumis tous les candidats, et qu'avaient observée les maréchaux de France, les ducs, les pairs, les dignitaires de l'Église et de la magistrature nommés à l'Académie.

Par une susceptibilité d'indépendance mal entendue, « l'Ordre des avocats pensa qu'il ne convenait pas à un avocat de postuler une place, et encore moins de faire des visites dans l'incertitude de l'élection; en sorte que Normand remercia le corps académique. » (BARBIER, *Journal.*)

Ceci se passait en 1734; un Maître des comptes, Dupré de Saint-Maur, fut nommé grâce au désistement de Normand, mais la conduite de ce dernier avait fait naître entre l'Académie et le Barreau un froid qui ne se dissipa qu'à la nomination de Target, en 1784.

depuis la création de l'Académie, y ménageait un fauteuil à la Magistrature et au Barreau (1).

M. Rousse n'est ni un homme politique, ni un orateur de tribune; c'est un ancien Bâtonnier de l'Ordre, un avocat ayant le culte du droit et l'amour des lettres. C'est donc bien à l'avocat que l'Académie a ouvert ses rangs, et, par une étrange coïncidence du hasard, elle les lui a ouverts le même mois et par le même nombre de voix qu'à son devancier.

M. Rousse a soixante-trois ans et il en compte quarante-trois passés au Barreau. Son père, ancien notaire à Paris, plusieurs fois Président de sa Chambre, et qui a laissé dans le notariat les plus honorables souvenirs, l'avait fait entrer au collège Saint-Louis. Il y rencontra comme condisciples : Sapey, Ch. Gounod, V. Hennequin, E. Havet et Ch. Gay, devenu coadjuteur de Mgr Pie, mort récemment évêque de Poitiers; il y fit, avec son frère, de très bonnes études sous la direction d'un ancien normalien, humaniste distingué, homme d'esprit et de goût, M. Defrenne, devenu ami de sa famille, et qui, remarquant les heureuses dispositions et les aptitudes littéraires de son élève, se plut à les développer. Rousse sortit de ses mains sachant assez bien le grec et le latin, et écrivant purement le français : depuis il s'est rendu familières les langues allemande et italienne.

Quand vint pour Rousse l'heure de se choisir un état, ses goûts l'auraient porté volontiers vers la littérature ou la peinture, mais la littérature et la peinture n'étaient pas alors, ce qu'elles sont devenues depuis, une profession donnant assez rapidement l'argent et la célébrité. La fortune paternelle évanouie ne lui permettait pas une longue attente et lui conseillait une profes-

(1) Parmi ses membres fondateurs et ses premiers titulaires, l'Académie ne comptait pas moins de cinq avocats au Parlement ou au Conseil : L. Giry, Guillaume Colletet, J. Ballesdens, Olivier Patru et J. Doujat; de trois avocats généraux : P. Hay du Chastelet, H. Salomon et C. Bazin de Bezons; de deux présidents, de plusieurs maîtres des requêtes et d'un chancelier, P. Séguier, qui, du Barreau, avait passé par tous les degrés de la magistrature.

M. de Champagny, succédant à Berryer, disait à l'Académie : « Berryer vous appartenait à un double titre, *puisque l'éloquence judiciaire a toujours eu sa place parmi vous*, et que l'éloquence politique a bien le droit d'y réclamer la sienne. »

sion plus sûre, qui lui promît une aisance prochaine. Son père, qui avait au Palais des relations et des amitiés, l'engagea à se faire avocat. Malgré le peu de goût qu'il avait pour le droit, il ne résista point à ce conseil, et en 1834 il prenait à l'école de Paris sa première inscription.

« Tout est bonheur aux gens heureux, » a dit Rousse quelque part. De cette année datent ses bonheurs, que suivra sa réussite dans le monde des affaires et dans le monde des lettres.

Le premier fut de rencontrer, pour professeur à l'Ecole de droit, M. Bugnet.

Qui de nous, génération contemporaine de Rousse, ne se souvient de ce savant professeur, enfant de la Franche-Comté, rude paysan, enlevé par le docte doyen de l'école de Dijon, Proudhon, aux travaux de la ferme, et métamorphosé par lui en un profond jurisconsulte ? Qui ne se souvient de cet ignorant dans l'art de bien dire, à la parole âpre, inélégante, mais nette et précise, qui ne savait guère que le droit, mais qui le savait à fond et l'enseignait à merveille ? Je le vois encore, — et cependant bien des années, qui ont amené pour moi la vieillesse, ont passé depuis lors, — je le vois encore montant dans sa chaire à la première heure du jour, bâtissant avec des livres de petits murs pour expliquer à ses élèves, toujours nombreux, le titre des servitudes ; se hâtant, dès que le premier jour des vacances était arrivé, de gagner sa maison des champs, non loin d'Ornans, où il vivait de la vie patriarcale, et était heureux de recevoir ses élèves préférés. Les deux frères Rousse, Edmond et Emile, étaient toujours de ses invités.

Au sortir de l'école, Rousse entra dans l'étude de l'avoué, — ce que presque tous nous faisions alors, et ce qu'on ne fait plus assez aujourd'hui ; — il y resta deux ou trois ans, puis se montra en robe au Palais.

C'était en 1837 : un second bonheur pour lui, que ses souvenirs classiques lui permettront de noter à la pierre blanche, *albo dies notanda lapillo*, fut d'y rencontrer M. Chaix d'Est-Ange, qui était alors, avec MM. Dupin et Paillet, à la tête du Barreau, dont il devint le secrétaire et dont « le patronage bienveillant a été — il l'a écrit — le soutien et l'honneur de sa jeunesse (1). » Ce noviciat, rempli de travaux utiles, fut profitable au patron et au jeune avocat. Celui-ci étudiait les dossiers, les analysait, recherchait les autorités et réunissait les documents nécessaires; celui-là les choisissait et les mettait habilement en œuvre. Le stagiaire assistait aux plaidoiries du maître, se rendait compte de sa manière, de sa mise en œuvre, et faisait, par l'étude et la comparaison, tourner à l'avantage de son instruction ses travaux et ceux de son patron.

Pendant le bâtonnat de M. Chaix d'Est-Ange, qui tenait à honneur d'ouvrir largement ses salons et d'y « convier les jeunes avocats, même les plus obscurs et les plus pauvres, avec les personnages les plus renommés, artistes, magistrats, orateurs, ministres de la veille et ministres du lendemain, Rousse, perdu dans cette foule brillante, regardait, écoutait avidement, et éprouvait cette agitation salutaire, cette émulation féconde qu'excite dans des cœurs de vingt ans la vue d'un homme célèbre ou le retentissement d'un grand nom (2). »

Le cabinet et le salon de M. Chaix d'Est-Ange étaient donc une excellente école pour le palais et pour le monde. Rousse avait moins besoin de l'une que de l'autre; son père en avait fait un homme du monde, M. Chaix d'Est-Ange en fit un homme du Palais. Il ne le laissa marcher seul que quand le stagiaire, devenu avocat, put marcher sûrement et sans appui.

Lorsque, après quarante ans de luttes et de triomphes, cédant aux sollicitations de l'Empire, M. Chaix d'Est-Ange consentit à échanger sa robe noire contre l'hermine de procureur général, il voulut, avant de quitter le barreau, lui laisser le recueil des *Discours et Plaidoyers* qui avaient fait sa réputation, sa gloire et sa fortune. Ce fut à son collaborateur de prédilection, à

(1) Rousse, *Préface aux discours et plaidoyers de M. Chaix d'Est-Ange.*

(2) Le même, *ibidem.*

M. Rousse succédait, dans le cabinet de M. Chaix d'Est-Ange, à MM. Grévy, Josseau et Housset.

Rousse, dont il avait eu le temps d'apprécier le caractère et le talent, qu'il confia la mission de les réunir, de les annoter et de les présenter à ses anciens confrères et à ses nouveaux collègues.

Ce recueil fut donc fait par les soins de Rousse, et il écrivit pour les deux volumes dont il se compose, cette préface qui, à son apparition, fit au Palais une vive sensation, décela chez son auteur un véritable talent d'écrivain, et est encore aujourd'hui l'un des meilleurs écrits échappés à sa plume élégante et facile.

Cette préface fut un étonnement et une révélation, non pour les amis du débutant, qui savaient ses succès classiques, ses aspirations littéraires, la finesse de son goût, la pureté de son style, mais pour ceux qui ne le connaissaient pas, et le nombre en était grand, car le jeune avocat en était encore à ses premiers pas.

Je viens de la relire pour la seconde, je crois bien même pour la troisième fois, et toujours avec le même plaisir. Une seconde lecture, — qui ne le sait ? — est pour tout ouvrage, grand ou petit, la pierre de touche : « Voyez si l'ouvrage se fait relire, écrivait Voltaire à son ami Cideville ; car c'est là le grand point, sans lequel il n'y a pas de salut (1). » Qui ne se souvient que le vieux Royer-Collard croyait faire au jeune Ch. de Rémusat, auteur de la *Révolution française*, le plus grand éloge de cette brochure, quand il lui disait : « Jeune homme, je vous ai relu. » Cette sentence du grand prêtre de la doctrine a été souvent répétée depuis.

Or, je constate par mon expérience qu'une seconde lecture n'a rien ôté de leur charme aux soixante pages de Rousse ; j'aimerais mieux, pour mon compte, les avoir écrites que les huit ou dix volumes de certains romanciers en renom.

Un sonnet sans défauts vaut seul un long poème.

La brochure de Rousse est, dans son genre, un petit chef-

(1) Lettre à Cideville de juillet 1757.

d'œuvre de grâce et de délicatesse ; une galerie choisie de portraits d'hommes de lettres et d'avocats, finement étudiés et heureusement reproduits. Ici, c'est la figure de M. Cauchois-Lemaire :

« Publiciste banal, écrivant au jour le jour des idées courantes, dans la langue de tout le monde, encadrant avec une certaine adresse des allusions transparentes dans un style pédestre, sans invention et sans couleur. »

Là, c'est, par opposition, celle de Paul-Louis Courier, ce pamphlétaire

« Au style personnel et imprévu, plein de surprises savantes, à la forme originale, concise et hardie, où la verve gauloise, en sa bonhomie trompeuse, où le vieil idiome de la Touraine, avec son accent rustique et robuste, se mêlaient, dans un esprit merveilleusement cultivé, à tous les raffinements des littératures classiques. »

A côté de ces portraits d'écrivains sont placés ceux de Dupin aîné, de Berryer, de Hennequin, que la Révolution de 1830 et la politique enlevaient au Barreau ; de Philippe Dupin, de Paillet, de Chaix d'Est-Ange, qui remplaçaient leurs anciens ; du premier président Séguier...

Ce portrait du magistrat, étudié au physique et au moral, est si vrai, si vivant, il a réveillé chez moi tant de souvenirs déjà lointains, que je ne résiste pas au désir de le montrer à mes lecteurs. Avec Rousse,

« Je vois encore ce petit vieillard alerte, blotti et comme tapi sur son banc, ramassé dans les plis de sa robe, le mortier sur les yeux, l'air à la fois spirituel et chagrin, le regard inquiet, semblant guetter plutôt qu'attendre les plaidoiries. Il les écoutait d'abord avec une sorte d'impatience résignée, puis bientôt s'y mêlait par un entrain involontaire. Son front, ses yeux s'animaient, et sa familiarité turbulente débordait en interruptions et en saillies. Tantôt il approuvait l'avocat, et pour le faire bien voir, il parlait avec lui, il le questionnait, il le devinait, il allait en avant, il le rappelait en arrière ; il l'escortait, il l'accompagnait des chuchotements incommodes de sa voie discordante.

« Tantôt l'orateur lui semblait lourd et diffus, la cause mauvaise, le plaidoyer déloyal. Alors, c'était une guerre à outrance ; il pressait l'avocat, il le poussait, il le talonnait, il l'éperonnait de ses malices criardes; il le gourmandait avec aigreur, lui, son client et son procès, jusqu'à ce qu'il l'eût réduit à se fâcher ou à se taire. Jamais on ne vit un auditeur plus gênant dans sa bienveillance, ni plus insupportable dans son humeur. Mais, à travers ces défauts très sensibles, il avait dans ses veines du vrai-sang de magistrat, la tradition et l'instinct de la justice, l'horreur de la fraude, et, avec l'art de tout animer autour de lui, des coups d'esprit et des lumières soudaines qui le faisaient souvent voir loin et juger juste. »

Voilà bien le premier président Séguier, tel qu'il était à l'audience. C'est bien lui que je retrouve sur son siège, inquiet et agité, tourmenté et tourmentant, encourageant quelquefois l'avocat, plus souvent le rabrouant. Pour quiconque l'a connu, pour quiconque surtout a plaidé devant lui, le portrait est frappant de ressemblance ; il ne lui manque que la parole... et franchement j'hésiterais à la lui rendre. Au portrait j'ajouterais seulement, au physique, l'ample manchon de douairière dont le vieux président s'enveloppait contre les froids de l'hiver ; au moral, ses retours subits après ses vivacités, ses regrets, s'il craignait d'avoir blessé, l'orgueil de son nom et de sa famille, l'estime de ses hautes fonctions. « Quand on a l'honneur, disait-il, d'être premier président de la Cour de Paris, on ne quitte son siège que la tête la première et le bénitier aux pieds. » Ainsi a-t-il fait en 1848.

Je ne m'étonne pas qu'après avoir lu la *Préface* de Rousse, un juge bien compétent en matière de goût et de style, l'auteur du *Barreau au dix-neuvième siècle*, M. le conseiller O. Pinard, ait écrit : « Quand il est question de M. Chaix d'Est-Ange, on ne saurait oublier, sans injustice, les pages pleines de bon sens, de distinction, de goût, de finesse, que M. Rousse a écrites à ce sujet. Le barreau, qui apprécie tous les mérites, s'en est montré fier et il a eu raison. En nommant et en maintenant M. Rousse au conseil de l'Ordre, il a récompensé en lui l'excellent avocat et l'excellent écrivain (1). »

M. Rousse n'est pas seulemement un habile portraitiste, il est

(1) M. Pinard, *le Barreau au dix-neuvième siècle*. 1865, 2e éd., 2 vol. in-8.

encore un éminent peintre de genre. Voyons plutôt son croquis d'une audience de sept heures au Parlement de Toulouse, vers la moitié du seizième siècle :

« Il fait petit jour ; l'horloge du Palais sonne le dernier coup de six heures. Dans la salle des Pas-Perdus arrivent un à un les procureurs, avec leur robe de laine noire, leurs sacs sous le bras, et leur lanterne à la main. Ils entrent dans leurs bancs de chêne, adossés aux piliers. Ils plantent leur bougie dans l'anneau de fer et ils étalent leurs dossiers sur les buffets lustrés par le frottement de leurs lourdes manches, tout en devisant avec de jeunes avocats qui vont débuter à l'audience de sept heures dans un procès de voisinage.

« Bientôt paraissent par groupes de graves personnages drapés dans des manteaux fourrés et le mortier sur la tête ; ce sont des conseillers qui viennent d'entendre dans la chapelle du Palais la messe matinale de chaque jour. A sept heures l'audience est ouverte ; petite audience, petites causes, petits avocats, dont l'éloquence écourtée est comme le réveille-matin de la justice. »

Et cet autre crayon des embarras et des mésaventures d'un improvisateur malhabile :

« C'est un étrange supplice que celui d'un homme incertain et lettré qui s'entend mal parler, sans pouvoir s'en défendre, qui, engagé dans une phrase incorrecte ou pesante, se sent traîner jusqu'au bout, à travers les plus humiliantes rencontres. S'il s'écoute, sa tête s'égare ; s'il se reprend, malheur à lui ! S'il hésite entre deux mots, il est perdu, et, avant qu'il ait décidé quel est le plus élégant ou le plus juste, la nécessité de parler en fait passer un troisième qui n'est ni le mot juste ni le mot élégant, ni même souvent un mot qui soit français. »

La Préface aux plaidoyers de M. Chaix d'Est-Ange, que suivirent une touchante notice sur l'avocat général Sappey, quelques articles de critique et quelques comptes rendus d'ouvrages dans le *Droit* et la *Gazette des Tribunaux,* ouvrit à Rousse les portes du conseil de l'Ordre, où l'a maintenu constamment depuis chaque élection annuelle.

Le talent d'écrire recommande l'avocat, mais ne le fait pas : il ne lui crée pas surtout une clientèle, comme au temps où le Parlement avait ses avocats plaidants et ses avocats écrivants (1).

Mais l'ancien patron de Rousse, M. Chaix d'Est-Ange, n'abandonnera pas son protégé, et sa sollicitude presque paternelle veillera jusqu'à la fin sur le jeune avocat.

Rousse s'était déjà fait remarquer à la Conférence des stagiaires, dont il était un des secrétaires; il s'était déjà essayé, non sans succès, dans quelques procès, soit devant la juridiction civile, soit devant la juridiction correctionnelle, soit en Cour d'assises; il avait déjà attaché son nom à deux affaires qui avaient eu au Palais un certain retentissement, les demandes en séparation de corps Pauwels et Desbarolles, quand une défense criminelle l'appela devant la Cour d'Alger.

Un ancien fournisseur d'armée, enrichi, selon l'usage, par ses fournitures, avide de toutes les jouissances matérielles, avait été accusé d'avoir séduit dans son pensionnat et détourné une jeune Française de dix-sept ans. Emue des plaintes du père et de la mère, la population d'Oran avait pris parti pour eux, et Ramoger, — c'est le nom du ravisseur, — traduit devant le Tribunal correctionnel, y avait été condamné à deux années d'emprisonnement. La peine était grave, et cependant le ministère public, non satisfait, et signalant Ramoger à la sévérité des magistrats comme un homme « qui avait fait de la débauche, non pas la distraction coupable, mais l'occupation sérieuse et le travail régulier de toute sa vie », avait interjeté de la sentence des premiers juges un appel *a minima*.

(1) Le Parlement avait ses avocats *écoutants, plaidants* et *consultants*.

Les premiers, *audientes*, étaient les stagiaires; les seconds, *causas agentes*, les avocats inscrits au tableau, signant les écritures et plaidant à la barre; les troisièmes, *advocati conciliarii*, donnant des avis, rédigeant des consultations et des mémoires; c'étaient les *prudentes* du droit romain.

Les traditions du Barreau nous apprennent que jamais Pierre Séguier ne plaidait un procès important sans s'être fortifié d'une consultation de Dumoulin : « Il prenait bien la peine de dresser lui-même un mémoire de ce dont il désirait s'instruire, et avec quatre ou cinq écus qu'il avançait de sa bourse, il l'envoyait à Dumoulin. »

Comme P. Séguier, le célèbre Gerbier, au dix-huitième siècle, ne plaidait jamais une grosse affaire qu'appuyé d'une consultation de Tronchet.

Tous les procès auxquels se rattachaient de graves intérêts avaient leurs consultations, leurs mémoires, et leurs plaidoiries.

La situation que faisait à Ramoger cet appel était des plus difficiles. Comprenant qu'il avait à lutter devant la Cour contre la rumeur publique, avec ses entraînements, contre des parties civiles, avec leurs doléances, contre le représentant de la société avec l'austérité de sa parole, il aurait désiré de s'abriter sous le patronage de M. Chaix d'Est-Ange; mais, retenu à Paris par d'autres engagements, M. Chaix d'Est-Ange désigna Rousse pour le remplacer.

Ce ne fut pas sans maintes hésitations que Rousse accepta, et il partit. L'accueil qu'il reçut sur la terre africaine et le succès de l'audience ne lui permirent pas de regretter sa détermination. Se levant devant la Cour et voulant de prime abord se la rendre favorable, sa première parole fut ce qu'elle devait être : « une parole d'excuse et de reconnaissance. »

« Inconnu de tous, dit-il, hier encore dans cette enceinte où tout m'étonne, où tout me trouble, où tout est si nouveau, et si j'ose le dire, si étrange pour moi, je suis venu de bien loin mêler une voix étrangère à des voix qui vous sont familières, et que vous aimez à entendre chaque jour. Sans avoir aucun titre, aucun droit à cette bienveillance qui m'entoure de toutes parts, et qui me confond, je suis venu m'asseoir pour un jour au milieu de ces hommes distingués qui m'ont accueilli comme un frère, à ce barreau où mon client aurait pu trouver un plus habile défenseur, et où je ne devais venir que pour chercher des maîtres et des modèles.

« Permettez-moi, du moins, de me rendre ce témoignage que, dans cette triste affaire où tant de passions sont soulevées, je n'apporte, venant de si loin, ni passion, ni amertume volontaire, mais un désir ardent et sincère de faire prévaloir ce qui est pour moi le droit et la vérité. Ce désir, ce besoin de justice qui m'anime, nous le partageons tous, nous qui plaidons devant vous, vous qui devez nous juger; à travers toutes les distances qui nous séparent, c'est là le lien commun qui nous unit; que ce soit mon titre et mon droit d'hospitalité parmi vous ! »

Ces quelques phrases, dites avec émotion, conquirent tout de suite au jeune avocat les sympathies de l'auditoire. Ce qu'il redoutait par-dessus tout, c'étaient les préventions populaires. Or, voici comment il les attaque et trace en même temps le portrait de son client :

« Vif, ardent, d'un tempérament prompt à s'enflammer, Ramoger a eu ce malheur de venir bien jeune dans un pays où pour lui tout était un danger, tout, les ardeurs d'un ciel brûlant, le relâchement des mœurs, inévitable dans un établissement nouveau, enfin les facilités inouïes qui venaient solliciter ses passions, en spéculant sur sa fortune. Est-ce à dire cependant, comme on le plaidait tout à l'heure, qu'il se soit livré sans mesure et sans frein à tous les emportements des passions ? Est-ce à dire qu'il lui faille accepter toutes ces bonnes fortunes peu glorieuses, tous ces trophées indignement conquis, qu'on accumule autour de lui pour le perdre ? Quoi donc ! il n'y aura plus désormais dans tout Oran une seule vertu, vingt fois compromise, dont il ne lui faille répondre ? Quoi donc ! il n'y aura pas dans tout Oran une fille, vingt fois séduite, qui ne vienne lui demander compte de son honneur ? Et n'a-t-on pas vu dans le premier procès un fille publique admise, appelée à lever contre lui sa main mercenaire et à lui demander compte de sa vénale virginité ?

« Vous n'attendez pas que je discute ces exagérations et ces fables; vous n'attendez pas que, vertu par vertu, victime par victime, je refasse la liste de ses maîtresses. L'instruction, les débats ont fait justice de ces contes inventés par des adversaires, colportés par des amitiés complaisantes, augmentés par la malignité publique, toujours prête à tout croire et à tout grossir. »

Rencontrant parmi les témoins deux femmes aux mœurs plus que légères, Christine Hernandez et Rosalie Garrigues, il discute leur déposition, et résume d'une phrase incisive sa démonstration:

« Si Ramoger, dit-il, a eu des maîtresses, il n'a jamais fait de victimes. Christine Hernandez et Rosalie Garrigues, voilà les places démantelées qu'il a prises d'assaut, voilà les villes ouvertes où il est entré en triomphateur. »

Cette plaidoirie, d'une discussion nette et nerveuse du fait et du droit, où la défense se mêle à l'attaque, la pitié à l'ironie, est semée de traits qui accusent la chaleur du sang et les audaces de la jeunesse, que le bâtonnier d'aujourd'hui effacerait peut-être, ou du moins adoucirait.

Elle produisit tout l'effet que l'avocat pouvait en attendre, en obtenant de la Cour qu'elle écartât l'exagération des prétentions des plaignants et les sévérités du ministère public. Elle eut un plein succès d'audience, et si Rousse eût voulu rester à Alger, sa clientèle y eût été faite du jour au lendemain; mais « il n'était venu que pour un jour s'asseoir parmi ses confrères d'Alger », et ses devoirs comme ses affections le rappelaient à Paris. Néanmoins, les instances de nouvelles connaissances, la douceur du climat, les fêtes, les plaisirs, le désir de voir, qui l'avait déjà conduit en Italie, le retinrent un mois à Alger, et ce ne fut qu'au bout de ce mois qu'il prit congé de la Capoue africaine, et revint à Paris, où l'avait précédé le bruit de son triomphe, et où il reçut — pour lui douce récompense, — les félicitations du maître qu'il avait remplacé.

De ce jour l'avenir de Rousse fut assuré. A quelque dix années de là, en effet, son cabinet s'ouvrait à une clientèle de choix; il avait sa place au conseil de l'Ordre et sa part dans les grands procès qui s'agitaient au Palais; les plaideurs l'opposaient aux premiers avocats du barreau, à MM. Dufaure, Senard, Jules Favre, Marie, Crémieux et Allou; et peut-être était-il déjà permis à ses amis de rêver pour lui le Bâtonnat, cette dernière dignité de l'Ordre, « cet honneur suprême qui, dans les vieux usages du Barreau, achève et consacre les renommées judiciaires. »

M. Rousse, depuis quinze ans surtout, a plaidé beaucoup d'affaires importantes, reproduites, pour la plupart, par les feuilles judiciaires, où chaque curieux peut les retrouver. Il n'entre ni dans mon dessein ni dans mes convenances de les en exhumer, bien que, dans l'examen rétrospectif que j'en ai fait, je me sois souvent heurté à de grands noms, à des intérêts considérables, à de graves questions d'État (1). Je ne veux pas m'attarder devant tous ces procès ; un seul m'arrêtera quelques instants, parce qu'il réveille un nom cher à tous les amis des lettres, et qu'il a bien inspiré l'avocat, dont le talent est plus littéraire que juridique : c'est celui relatif aux manuscrits d'André Chénier.

(1) Parmi tous ces procès, je me bornerai à citer ceux de la princesse de Montléar, du duc de Galliera, du comte Missiessy, du comte Micislas-de-Koma ;
Du Crédit foncier, de la Société immobilière, du Comptoir d'escompte ;
De Graillat-Jobert, rectification d'acte de naissance et recherche de maternité ; — de Stern-Houssaye, nullité de mariage ; — des époux Préterre, séparation de corps ; — de Liebig, propriété de nom commercial ; — de Mme Scribe, propriété littéraire, etc.

Il était dans la destinée des deux Chénier, Marie-Joseph et André, de susciter après leur mort des procès, à l'occasion de leurs œuvres.

Marie-Joseph, mort en 1811, avait laissé à Mme la baronne de Lesparda, avec laquelle il vivait depuis longtemps, et qui l'avait entouré de tendres soins dans sa dernière maladie, tous ses manuscrits. Les héritiers attaquèrent cette donation manuelle qui, suivant eux, n'était qu'une donation à cause de mort, dont la validité était dès lors subordonnée à l'accomplissement des formalités prescrites par la loi pour cette sorte d'actes. Ce système fut accepté par la Cour de Paris, dont l'arrêt du 4 mai 1816 ordonna la restitution des manuscrits à la famille du poète.

Quant à André, chacun connaît sa fin déplorable. Condamné par le Tribunal criminel révolutionnaire le 7 thermidor an II, il fut exécuté le même jour, avant l'enregistrement du jugement. Que de regrets! Si les débats eussent été retardés de deux jours, le 9 thermidor l'eût sauvé.

Dans la charrette qui le conduisait à la place de la Révolution se trouvait un autre poète, le chantre des *Mois*, Roucher, alors plus connu que lui, car André n'avait encore publié que quelques articles de polémique, et deux pièces de moins de cinq cents vers, le *Jeu de Paume* et l'Iambe contre les révoltés du régiment de Châteauvieux. Mais André laissait d'assez nombreux manuscrits; c'étaient des poèmes, des élégies, des idylles, parmi lesquels: *la Jeune Captive*, *l'Hermès*, *l'Aveugle*, *le Jeune Malade*, etc., etc. Dès leur apparition, la critique rétablit bien vite les rangs et remit à leur place les deux poètes sacrifiés en même temps.

Les poésies d'André Chénier, ignorées jusque-là, ne furent révélées, et seulement en partie, au monde des lettres qu'en 1819, par M. H. de Latouche. M. Charpentier les publia de nouveau, avec de nombreuses additions, en 1872; enfin, en 1874, M. Lemerre, avec le concours de M. Gabriel de Chénier, en donna une nouvelle édition, enrichie d'une foule de pièces inconnues aux deux premiers éditeurs.

Ce furent ces deux publications qui donnèrent lieu au procès.

M. Charpentier, cessionnaire des œuvres d'André Chénier, en était-il encore, à l'heure présente, propriétaire exclusif, ou appartenaient-elles au domaine public? La solution de cette question de fait était liée à celle de la question de droit. Le décret de 1805, fait en vue des œuvres posthumes, qui limite la propriété de ces œuvres à la durée de la vie du publicateur, et à dix ans après sa mort, avait-il été modifié par les lois postérieures de 1830, 1854 et 1866? ces lois ne pouvaient-elles profiter qu'aux auteurs et à leurs héritiers, non à leurs cessionnaires? Ces questions importantes, comme toutes celles qui touchent à la propriété littéraire, mais soumises plusieurs fois déjà à l'appréciation des magistrats, furent discutées à fond par les avocats de toutes les parties. Quand on connaît MM. Nogent Saint-Laurens et O. de Vallée, Cléry et Rousse, on peut être sûr que tout fut dit pour et contre.

M. Rousse plaidait pour le libraire Lemerre. Quelques phrases lui suffirent pour montrer l'importance de la cause, les désastreux résultats qu'entraînerait le triomphe de son adversaire, et la faveur que méritait la résistance de son client.

« S'il était vrai, dit-il, que la demande de M. Charpentier fût, en droit, bien fondée, et que la justice fût contrainte de la consacrer par ses arrêts, j'oserais dire alors que nos lois, en cette matière, sont plus imparfaites encore qu'on ne le croit, et que l'on n'a coutumé de le dire. Jamais, en effet, une atteinte plus sensible n'aurait été portée à la mémoire d'un grand écrivain, à l'honneur des lettres et aux intérêts légitimes de ceux qui, dans ce pays, ont encore le respect et la passion des œuvres supérieures de l'esprit.

« M. Charpentier nous assure que jusqu'en 1903, c'est-à-dire pendant près de trente années encore, il est le seul propriétaire et le seul maître de l'œuvre d'André Chénier. Pendant trente ans encore, s'il faut l'en croire, tout ce qu'a écrit Chénier lui appartient, lui doit être livré ou restitué, sans contrôle et sans réserve; quiconque en détient une parcelle, — s'appelât-il Chénier, — est soumis à ses réquisitions, et quiconque la veut retenir, — s'appelât-il Chénier, — commet un larcin à son préjudice. Seul maître de ce trésor, M. Charpentier pourra seul y faire le choix et la censure de ce que le public peut connaître et de ce qu'il doit ignorer. Seul, il pourra corriger, retrancher ce qu'il jugerait imparfait ou inutile, suspendre même ou supprimer à son gré toute publication. Et jusqu'en 1903, c'est-à-dire plus d'un siècle après la mort d'André Chénier, si quelque part dans le monde, fût-ce dans un coin ignoré du foyer paternel, au fond de ces bois familiers, ou au bord de ces fontaines voisines où se plaisait son génie, il se retrouvait quelque écho perdu de la voix du poète, M. Charpentier aurait le droit de mettre sa main sur la bouche de Chénier et de l'empêcher de parler... Voilà bien, vous l'allez voir, l'objet et la portée de sa demande. Voilà, si vous pouviez l'accueillir, quel en serait le succès...

« Ainsi, le procès est bien défini, et la situation des plaideurs bien précisée : d'un côté, M. Charpentier, qui, pour aujourd'hui, s'appelle le monopole et le privilège; de l'autre, M. Lemerre, qui, pour aujourd'hui, s'appelle le domaine public et la liberté. Entre ces deux intérêts contraires, voyons où sont la raison, la justice et le droit. »

L'occasion d'esquisser le portrait d'André Chénier était trop tentante pour qu'un lettré n'y succombât pas. M. Rousse n'y résista pas, et le voici tel qu'il est sorti de son pinceau :

« André Chénier était né à Constantinople d'une mère grecque, descendante des Lusignan. Par cette loi secrète des climats et des origines, qui fait revivre, à travers les siècles, les instincts, les talents, les vertus propres de chaque race, ce Byzantin avait recueilli, comme un lointain héritage, non pas le sentiment et l'intelligence du génie de la Grèce, mais le génie de la Grèce tout entier. Ce n'était pas Byzance, mais Athènes, qui tout à coup, à vingt siècles de distance, reparaissait dans ce jeune homme. A peine arrivé à la puberté, à cet âge douteux qui est à peine la jeunesse, la muse antique avait enveloppé de son aile cet éphèbe ardent à l'étude et au plaisir, qui chantait les fontaines et les bois, l'amour et la beauté, toutes les divinités payennes de la jeunesse, dans des églogues brûlantes, où la passion la plus personnelle et la plus intime se mêlait aux ressouvenirs les plus savants de l'antiquité.

« Plus tard, quand la Révolution vint surprendre ce voluptueux et ce rêveur, l'amour de la patrie, la passion de la liberté prirent chez lui, comme tout le reste, la forme, l'accent natal, et comme le pli de l'antiquité. Puis, lorsque vinrent les grands crimes; lorsque, au nom de la liberté, une faction abominable mit la main sur la France; lorsqu'enfin il fut arrêté lui-même et jeté en prison, en attendant l'échafaud, certain de son sort, mais intrépide et indigné, désespéré de vivre, désespéré de mourir, il n'eut qu'à prêter l'oreille pour entendre au fond de son cachot le pas vengeur de la muse d'Archiloque...

« *Archilochum proprio rabies armavit iambo.* »

M. Rousse entraîna à sa suite, sur le terrain des lettres, ses adversaires et l'avocat de la République lui-même, de sorte que le procès devint non moins littéraire que juridique. Inutile d'ajouter qu'il gagna sa cause.

Pour juger le talent de M. Rousse comme écrivain et comme avocat, il suffit de lire de lui quelques pages et de l'entendre deux ou trois fois. Il sait la procédure, sans être un praticien consommé ; le droit, sans être un jurisconsulte profond ; la langue oratoire, qu'il parle bien, sans être un puissant orateur ; mais de tout cela il sait plus qu'il n'en faut pour être une personnalité originale et un avocat de valeur.

Il n'a presque rien de commun avec J. Favre et il ne faut pas songer à les comparer.

Supérieur à Favre comme écrivain, il reste loin de lui comme orateur. Favre, le grand oseur, le grand artiste en paroles, nous avait accoutumés à l'ampleur, aux hardiesses, aux splendeurs du langage, aux périodes cicéroniennes, aux tours de force oratoires ; de Rousse, il ne faut rien attendre de pareil ; mais, orateur plus modeste, et aussi plus utile aux clients, sa plaidoirie est bien ordonnée, sa discussion bien conduite. Il est naturel, simple et vrai : *Loquitur ut fert natura ;* c'est en écrivant qu'il a appris à parler : *Scribendo dicere didicit* (1). Sa parole est claire, nette, toujours correcte, souvent élégante et quelque peu académique, assaisonnée d'heureuses citations. On s'habitue sans peine à son débit nerveux et saccadé ; il sait se faire écouter, mais il est plus goûté des magistrats et des délicats que de la foule.

A la barre n'appartiennent pas, je crois, toutes ses affections, et s'il n'a pas, comme Marie, la terreur, il n'a pas non plus, comme Liouville, la passion de plaider. Ce n'est jamais sans une vive émotion qu'il se lève au milieu d'un auditoire pour prendre la parole.

Malheur peut-être à l'orateur qui n'en éprouverait aucune ! Dupin aîné, cet improvisateur par excellence, écrivait toujours, dans ses grands procès, quelques lignes d'exorde, et le temps qu'il mettait à les lire lui donnait celui de retrouver son sang-

(1) *Stylus optimus dicendi effector est ac magister* (Cicéron).

froid. Quand Philippe, son frère, devait plaider en audience solennelle, on était sûr de le rencontrer dix fois descendant et remontant l'escalier du Palais qui conduisait aux urinoirs : « Ma vessie, disait-il en riant, paie les frais de mon émotion. » Bethmont avait la fièvre avant l'audience, et Berryer passait et repassait vingt fois devant la tribune de la Chambre avant d'oser y monter.

Est-ce que par hasard les orateurs de Rome étaient plus aguerris que les nôtres? Cicéron lui-même n'a-t-il pas fait l'aveu de ses craintes, quand il commençait à parler; et Pline le Jeune n'a-t-il pas confessé qu'il ne se sentait jamais sûr de lui, même après un long exercice de la profession, pour n'être pas heureux d'une remise (1)?

Je n'ai guère connu qu'un confrère dont l'impassibilité abordait la barre, non pas seulement sans crainte, mais avec bonheur : c'était Liouville. Mais aussi c'est que Liouville était un rude travailleur. Levé avec, souvent avant le jour, il étudiait à fond ses affaires, en connaissait tous les détails, et écrivait des notes volumineuses, qui ressemblaient à de véritables plaidoyers. Puis il était plus jurisconsulte qu'orateur, et la logique offre à l'improvisateur moins de hasards et de dangers que la langue oratoire.

La figure de Liouville n'est plus connue au barreau que d'un petit nombre de survivants. Mais aucun de ses contemporains ne l'a oublié, et chacun de nous le voit encore arrivant de bonne heure au Palais, chargé de dossiers; traversant la salle des Pas-Perdus, la robe retroussée, *in procinctu;* entouré de ses secrétaires, veillant pour lui à l'appel des causes, courant d'une chambre à l'autre, terminant à peine une plaidoirie qu'il en commençait une autre, *causas exsudens*, toujours prêt et tou-

(1) *Fatetur Cicero, initio dicendi, trepidantiorem fuisse.* — Quintilien.
Nunquam ita paratus sum, quin mora lœter. — Pline.
N'est-ce pas Juvénal qui compare à l'effroi de l'homme qui marche, le pied nu, sur une vipère, celui de l'orateur qui monte à la tribune?

Palleat ut nudis pressit qui calcibus anguem,
Aut Lugdunensem rhetor dicturus ad aram.

jours de bonne humeur. Aussi, quand Paillet l'apercevait, disait-il finement : *Ah! voilà le plaisir de plaider qui passe...*

Pour M. Rousse, — nous sommes en 1870, — le temps est venu des grandeurs professionnelles, du courage et des périls. Il touche aux honneurs du Bâtonnat, et aussi aux rudes épreuves que lui réservent la guerre et la Commune. Plusieurs de ses biographes — et il n'en manque pas depuis quelques mois, — ont affirmé qu'il l'avait refusé une première fois. C'est une erreur, le Bâtonnat ne s'offre ni ne se refuse ; ce qui est plus vrai, c'est qu'il a refusé de rougir sa robe et de s'asseoir au fauteuil de la présidence d'un grand corps judiciaire.

M. Rousse n'est pas seulement un talent, c'est surtout un caractère, et personne, après son double Bâtonnat de 1870 et 1871, sa conduite pendant la guerre et la Commune, ne sera tenté de lui disputer la devise qu'il pourrait emprunter à une célébrité républicaine : *Res non verba.*

La mission du Bâtonnier, dans les temps ordinaires, est toute de bienveillance et de protection. Elle consiste à présider le Conseil, à diriger les travaux des stagiaires, à faire respecter les prérogatives de l'Ordre et observer les règles de la discipline professionnelle. Dans des jours troublés, elle peut être une mission de lutte, de combats, de périls. Tel fut précisément le caractère du Bâtonnat de M. Rousse, « triste Consulat, dit-il, qui ne restera célèbre que par le souvenir de notre honte et de nos misères (1) ; » et j'ajoute, moi, par celui de son courage et de son dévouement. Fasse le ciel qu'un Bâtonnat semblable n'afflige jamais le Palais sous aucun de ses successeurs!

Rousse ne faiblit point devant les exigences de la situation et sut rester à la hauteur de ses devoirs.

Pendant le siège, il paya de sa personne. Ce fut lui qui organisa, avec M. le P. P. Gilardin, M. le P. Berthelin et quelques autres magistrats, l'ambulance du Palais, qui a rendu tant de services ; que l'on voyait, les jours de bataille, franchir l'enceinte, et « aller, au bruit du canon, par le vent et dans la neige, re-

(1) M. Rousse, *Discours du Bâtonnat.*

cueillir les blessés dans les champs, le long des chemins, à Champigny, au Bourget, à Suresnes, partout enfin (2), » et les rapporter dans la ville, où les soins les plus empressés leur étaient prodigués. Honneur à Rousse, à Egée, à Millet, à MM. Gilardin et Berthelin, Laborie et Paul Favre, qui, sans souci du danger, ont sauvé tant de victimes de la guerre et nous ont conservé tant de frères ! !...

Ce courage était celui de l'action, celui du soldat; sous la Commune, il fallut celui du citoyen, plus réfléchi, plus opiniâtre, mélange de vertu civique et de vertu militaire.

Celui-là ne fit pas non plus défaut à Rousse; son confrère Chaudey, l'archevêque de Paris, M. de Guerry, le président Bonjean, et tous ces hommes dont la Commune faisait des otages, avaient été arrêtés, et l'on croyait qu'une juridiction quelconque, fût-ce un Tribunal criminel révolutionnaire, prononcerait sur leur sort. Rousse alla au-devant de leurs désirs et s'offrit pour les défendre. Ce ne fut ni sans obstacles ni sans périls qu'il put arriver jusqu'à eux, et s'il ne lui a pas été permis d'élever la voix pour les protéger, il lui a du moins été donné de leur montrer un visage ami, de les rassurer, de leur porter des consolations, des paroles d'encouragement et d'espoir (2).

Dans le discours qu'il prononça, comme Bâtonnier, à la reprise des Conférences de 1871, il raconta à ses confrères, qui se pressaient autour de lui, les travaux et les fatigues du siège, auxquels il s'était associé, ses angoisses et ses efforts infructueux pour remplir les devoirs de sa profession. Cette mâle harangue était l'acquit d'un engagement pris par lui.

« J'ai dit, — c'est lui qui parle, — que je ferais l'histoire du Barreau de Paris pendant la guerre et sous le règne de la Commune. Ce sont de tristes souvenirs; mais nous y trouverons des enseignements qu'il faut entendre, et des leçons dont il faut savoir profiter.

(1) M. Rousse, *Discours du Bâtonnat.*

(2) Il faut lire, dans la *Revue des Deux-Mondes* de juin 1873, un article de M. Ed. de Pressensé, dans lequel il rend compte des démarches de M. Rousse auprès des citoyens Raoul Rigault, procureur de la Commune, et Protot, stagiaire, — garde des sceaux, de sa visite à Mazas, et de sa conversation avec les détenus, qu'il espérait défendre et sauver.

« Quand on est frappé comme nous le sommes, il est puéril de s'en prendre à la fortune, ou d'accuser un seul homme de tant de maux. Il n'y a que les peuples asservis sans retour qui aient le droit de tout rejeter sur un maître; et une nation qui tomberait par la faute d'un seul homme mériterait de ne se relever jamais.

« Nos fautes sont à nous, ayons l'orgueil de les reconnaître. Tous d'une commune ardeur, nous avons mis la main à notre ruine, et la déraison de presque tous a rendu possible ce que la folie d'un homme avait préparé.

« Parmi tant de coupables, il faut que le Barreau prenne sa place, et que, donnant un exemple nécessaire, il ne laisse à personne le droit de lui signaler ses erreurs. »

Commençant immédiatement un examen de conscience, exempt de faiblesse et de concessions, il recherche la cause et l'origine des torts et des fautes du Barreau, qui en ont altéré l'esprit et changé les coutumes.

Il les trouve dans la politique « envahissant les couloirs et les audiences, et laissant rarement la parole aux plus expérimentés et aux plus sages; »

Dans l'agitation présomptueuse qui, après chaque révolution, s'empare des plus jeunes et des plus inconnus, et dans la cohue de leurs ambitions impatientes;

Dans la chasse aux honneurs et aux emplois;

Dans la course à la députation;

Dans la soif de l'argent, le goût du luxe, la passion des fortunes rapides, encouragés par l'Empire;

Dans la lèpre des expropriations, et l'invasion des hommes d'affaires, courtiers marrons entre l'exproprié et l'avocat;

Dans l'accès au Palais de la presse politique, qui a fait des avocats des artistes, rendu compte de leurs faits, gestes et paroles, donné au public leurs portraits et leurs biographies; de telle sorte, ajoute spirituellement M. Rousse, que « la salle des Pas-Perdus a sa chronique, le Palais, comme le grand roi, ses Dangeau. »

Après avoir signalé les maux, M. Rousse indique les remèdes et termine en ces termes sa virile harangue :

« L'ordre, la patience, le respect, voilà ce qu'il vous faut apprendre ici. Notre société tout entière est sortie du devoir; il faut qu'elle y retourne. Chacun dans ce pays a quitté sa place; il faut que chacun la reprenne. Les mots de notre vieille langue ont perdu leur sens; il faut qu'ils le retrouvent. A peine sait-on, dans le chaos de barbarismes et de sophismes où nous sommes perdus, ce qui s'appelle le bien et ce qui s'appelle le mal; tous les vices prennent le nom de toutes les vertus; devant ces ruines qui fument encore on se demande ce que c'est que le crime, et il n'est pas jusqu'au meurtrier qui ne prétende juger la justice.

« Nous sommes des impatients; il faut que nous sachions attendre. Il faut que la jeunesse attende l'âge d'homme pour prendre la robe virile et qu'elle sache ce que c'est que la République avant de s'enhardir à la gouverner.

« Nous sommes des insoumis; le besoin de parler et la fureur de reprendre rendent le commandement impossible...

« Jeunes gens, il faut que vous appreniez le respect : le respect de l'âge, du talent, des services rendus au pays ; mais, avant tout, le respect de la loi, sans lequel vous n'aurez ni monarchie, ni république, mais des dictateurs, jusqu'à ce que vous demandiez un despote.

« Voilà ce que tout le passé vous enseigne, et ce que tant de révolutions ont écrit sur les murs de ce Palais. »

Ce discours, sévère mercuriale des torts du passé, récit émouvant des événements, éloge touchant des avocats frappés par la guerre et la Commune, est assurément l'un des plus remarquables qui aient été prononcés à la rentrée des Conférences, comme le Bâtonnat de M. Rousse est l'un de ceux dont le Palais gardera le plus long et le plus honorable souvenir. L'histoire judiciaire aura pour l'un et pour l'autre une page que le temps respectera.

Si, après l'homme public, j'avais à étudier l'homme privé, s'il n'était pas indiscret de pénétrer dans son intimité, je dirais la sûreté de ses amitiés, son affection fraternelle, les tendres soins dont il entoure la vieillesse de sa mère aveugle; je dirais ses habitudes de travail et ses délassements, ses retraites et ses repos dans son modeste Tusculum, petite maison des champs de la Roche-Guyon... Mais l'homme public seul m'appartient, et c'est l'homme public seul que j'ai à apprécier.

D'un caractère ferme et énergique, d'une probité sévère et ombrageuse, M. Rousse est attaché à ses croyances religieuses et à ses opinions politiques; s'il est permis de ne pas les partager, il ne l'est pas d'en suspecter la loyauté et la conviction. Il était depuis de longues années avocat du ministère de l'Instruction publique et l'un de ceux de la ville de Paris, président de son comité consultatif, lorsque parurent les décrets du 29 mars sur les congrégations. C'était une atteinte à sa foi religieuse et politique, et, sans bruit comme sans hésitation, il s'est démis de ces titres.

La *Gazette des Tribunaux* m'a apporté, en trente-cinq colonnes, la consultation très développée qu'il a récemment rédigée en faveur des congrégations contre la légalité des décrets qui les frappent. Encore qu'elle ne soit « qu'un travail purement juridique, exempt de toutes politique », la réponse d'un jurisconsulte sur le droit, *ad edictum Prætoris responsum*, j'ai bien peur que, contre la volonté du signataire, cette consultation, qui pendant tant de jours a défrayé la polémique de la presse, et a fait plus de bruit que les meilleures plaidoiries de l'avocat, n'ait moins servi la cause qu'elle veut défendre que les colères des partis et les rancunes des ennemis de la République. Puissé-je me tromper!...

En terminant l'historique du fauteuil de J. Favre et la biographie de tous les titulaires qui l'ont occupé, depuis Gombault, le premier, jusqu'à M. Rousse, le dernier, je dis à mes lecteurs, leur présentant mon étude de l'avocat académicien : Voilà Rousse! Je l'ai vu arriver au Palais et y grandir ; j'ai assisté à ses débuts et à ses progrès ; j'ai même plus d'une fois plaidé contre lui. Pour faire son portrait, il ne m'a donc fallu qu'interroger mes souvenirs et mes impressions d'audience ; et maintenant qu'il est achevé, il ne me reste plus qu'à emprunter au modèle l'inscription qu'il a écrite pour celui de M. l'avocat général Sapey, son vieux camarade : — « Je l'ai peint comme je l'ai vu, sans exagération, sans flatterie, avec plus de sévérité que d'indulgence, comme il eût voulu être peint, » si sa modestie eût soupçonné que sa personne pût tenter quelque pinceau, et que le public dût s'arrêter quelque jour devant son portrait.

Ce portrait était achevé, et je croyais avoir fini l'histoire du deuxième fauteuil, et dit de M. Rousse tout ce que j'en voulais dire, mais voilà que sa réception récente à l'Académie m'y a conduit, après lui, avec ses clients et ses amis.

C'est le 7 avril 1881 qu'il a été présenté à la Compagnie par ses deux parrains, MM. Taine et d'Audiffret-Pasquier. Ce jour-là, jour de fête pour l'Académie, de triomphe pour le récipiendaire, il a, au milieu de l'assemblée la plus nombreuse et la plus brillante, prononcé l'éloge de son prédécesseur.

Salué par des applaudissements fréquemment répétés, son discours, empreint d'un grand esprit de modération et d'impartialité, marqué au coin d'une critique fine et de bon goût, riche de grandes pensées, noblement exprimées, a été digne du héros de la fête et du panégyriste. C'est assurément l'un des plus remarquables qu'ait entendus l'Académie, et il fait honneur à l'avocat lettré qui l'a prononcé et au Barreau, incarné dans son ancien Bâtonnier.

La justice m'impose le devoir d'ajouter que la réponse du directeur, M. le duc d'Aumale, très bien lue, n'a point fait disparate au discours de M. Rousse ; que le directeur et le récipiendaire se sont confraternellement partagé les applaudissements de l'assemblée, et que le général et l'avocat ont su prouver que leur place parmi les Quarante n'est point une usurpation.

IMPRIMÉ

PAR

CL. MOTTEROZ

A

PARIS

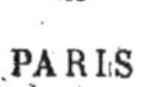

www.ingramcontent.com/pod-product-compliance
Ingram Content Group UK Ltd.
Pitfield, Milton Keynes, MK11 3LW, UK
UKHW021205220726
13924UKWH00003B/1328

9 782019 919054